Christine Henle # GEFÄHRLICHE GIFTPFLANZEN
im Haus, Garten und in der Natur

Deutscher Landwirtschaftsverlag Berlin GmbH

Christine Henle

GEFÄHRLICHE
GIFTPFLANZEN
im Haus, Garten und in der Natur

Bildnachweis
Umschlag: Gemeiner Schneeball, Fritz Hanneforth/OKAPIA,
Eisenhut, Naturbild AG · Schacke/OKAPIA (Vorderseite);
Vierblättrige Einbeere, Dr. Eckart Pott/OKAPIA (Rückseite)
Innentitel: Herbst-Zeitlose, Hans Reinhard/OKAPIA

Die Deutsche Bibliothek – CIP-Einheitsaufnahme
**Henle, Christine; Hrsg. Küpper, Wolfgang/Bayerischer
Rundfunk, Musikjournal:**
Gefährliche Giftpflanzen im Haus, Garten und in der Natur/
Christine Henle. -2., überarb. Aufl. – Berlin:
Dt. Landwirtschaftsverlag, 1995 (Ein BR-Buch)
1. Aufl. im Orta-Verl., München
1. Aufl. u. d. T.: Henle, Christine: Gefährliche Giftpflanzen in
 Haus, Garten und Natur
ISBN 3-331-00697-1
NE: Henle, Christine: Giftpflanzen im Haus, Garten und in der
Natur; HST

© 1995, DLV Deutscher Landwirtschaftsverlag Berlin GmbH - In Zusammenarbeit
 mit der TR-Verlagsunion GmbH – München
Grabbeallee 41, 13156 Berlin

Printed in Germany
Umschlagentwurf und Satzherstellung: M+S GrafikDesign, Berlin
Herstellung Neue Presse Druckservice GmbH, 94030 Passau

ISBN 3-331-00697-1

Schwarze Nieswurz   Foto: Hans Reinhard/OKAPIA

INHALT

Rotbeerige Zaunrübe Foto: Hans Reinhard/OKAPIA

VORWORT

In der Bundesrepublik treten alljährlich zehntausende von Vergiftungsfällen auf. Die meisten davon werden durch Haushalts-Chemikalien oder überdosierte Medikamente verursacht, knapp ein Zehntel entfällt auf Giftpflanzen. Betroffen sind überwiegend Kinder, die beim Versuch die Welt zu erkunden, sich von Blüten und bunten Beeren verlocken lassen und nahezu alles, auch Schlechtschmeckendes in den Mund nehmen und verschlucken. Von Bedeutung ist auch die Tatsache, daß alternative Ernährungsversuche tendenziell zunehmen und sich daraus ein gewisses Gefahrenpotential ergibt.
Die sicherste Gewähr sich vor Vergiftungen zu schützen, ist die Kenntnis der Giftpflanzen. Wie nötig dies ist, zeigen Statistiken der toxikologischen Beratungsstellen, in denen Anfragen besorgter Eltern über ungiftige oder relativ harmlose Pflanzen bisweilen häufiger zu verzeichnen sind, als über stark giftige.
Mit Hilfe dieses Buches soll der Leser in die Lage versetzt werden, giftige Pflanzen selbst zu bestimmen, und im Falle einer Vergiftung die nötigen Sofortmaßnahmen zu ergreifen. Ratschläge für Eltern sowie ein Verzeichnis der Informationszentren für Vergiftungsfälle in der Bundesrepublik ergänzen die Ausführungen.

Eine Zusammenstellung aller giftigen Pflanzen würde den Rahmen dieses Buches sprengen, es wurden daher nur die wichtigsten aufgenommen, die auch in der Giftpflanzenliste der Bundesregierung (Bundesanzeiger v. 10. 3. 1975) enthalten sind. Berücksichtigt wurden auch die häufigsten der stark giftigen Zimmerpflanzen, doch es ist zu bedenken, daß ständig »neue« Pflanzen aus exotischen Ländern importiert werden, ohne daß beim Verkauf auf ihre mögliche Gefährlichkeit hingewiesen wird. Zu bemerken ist ferner, daß Giftpflanzen nicht generell auszurotten oder zu verbannen sind, auch sie haben als Teil der Natur ihre Daseinsberechtigung. In Gärten und an Kinderspielplätzen sollte auf stark giftige Gewächse, wie Eisenhut oder Seidelbast, verzichtet werden.
Ebenso wichtig aber ist es, schon dem Kleinkind erste Kenntnisse über gefährliche Pflanzen und Früchte zu vermitteln, sodaß man unbesorgt die Schönheit und Vielfalt der Natur in Wald und Flur genießen kann.

Dieses Buch ist erstmals 1989 in Begleitung zu einer gleichnamigen Serie des Bayern-1 Musikjournals, einem dreistündigem Hörfunk-Morgenmagazin des Bayerischen Rundfunks, erschienen und liegt jetzt als Neubearbeitung vor.

Christine Henle   Wolfgang Küpper

Blauer Eisenhut

Foto: Gerhard Kalden/OKAPIA

GEFÄHRLICHE
GIFTPFLANZEN

Aronstab
Arum maculatum

Aronstabgewächse
Araceae

Der seltsame Blütenstand des Aronstabs, mit dem Kolben, der teilweise in die Blütenscheide eingehüllt ist, regte die Phantasie an. In manchen Gegenden verglich man ihn mit Wickelkindern und kleinen Puppen und gab ihm liebliche Namen: Chrippenkindli, Heckenpüppchen. Andere fanden derbere Ausdrücke: Entenschnabel, Stranitzelblume oder Trommelschlegel. Nach dem unangenehmen Geruch hieß er mancherorts Stinkblume oder Katzenpis und wegen des Giftgehalts: Teufelhütchen oder Schlangenbeer. Die Pflanze galt auch als Orakel für die kommende Ernte. Der obere Teil des Kolbens bedeutete das Getreide, der untere das Heu; die männlichen Blüten das Obst, die weiblichen die Trauben.

Merkmale 15 – 40 cm hoch, ausdauernd, Knolle innen weiß.
Blätter Netznervig, langgestielt, pfeilförmig.
Blüten Blütenstand sehr groß, mit grünlich-weißer, unten eingerollter, tütenförmiger Blütenscheide. Blütezeit: April – Mai
Früchte Scharlachrote, erbsengroße Beeren, von süßlichem Geschmack. Reifezeit: Juli – September.
Giftige Pflanzenteile Die ganze Pflanze, auch die Beeren.
Vergiftungserscheinungen Nach Hautkontakt mit dem Saft: Entzündungen. Nach Verzehr von Pflanzenteilen: Schwellung und Entzündung der Mundschleimhaut. Hautprickeln, Herzrhythmusstörungen, Schädigung und Lähmung des Zentralnervensystems. Nach Verzehr von zwei Blättern trat Brennen im Mund auf. Die Giftigkeit der Beeren scheint nach Standort und Reifegrad der Pflanze stark zu schwanken. Nach Verzehr größerer Mengen sind stets ernste Symptome zu erwarten.
Gefährlichkeitsgrad Sehr stark giftig + + +
Hinweise für Eltern Der Aronstab kann auf Kinder in mehrfacher Weise verlockend wirken: Er treibt sehr früh aus (Kinder pflücken gern erstes Grün) und die Blätter schmecken ähnlich wie Sauerampfer. Die Beeren sind leuchtend rot, saftig und süß und in größeren Mengen zu finden. Gartenformen sollten wegen ihrer Giftigkeit nicht angepflanzt werden.
Erste Hilfe Erbrechen auslösen. Arzt oder Klinik aufsuchen.

Der Aronstab, ein Bewohner feuchter Laubwälder und Gebüsche, entfaltet im Frühjahr seinen ungewöhlichen, tütenförmigen Blütenstand. Die im Spätsommer reifenden, etwas süßlich schmeckenden Beeren sind wie die ganze Pflanze sehr stark giftig.   Foto: Hans Reinbard/OKAPIA

Attich, Zwergholunder
Sambucus ebulus

Geißblattgewächse
Caprifoliaceae

Der Attich mit seinen schwarzen Beeren sieht dem echten Holunder recht ähnlich. Sein Name ist die deutsche Verballhornung von acte, dem griechischen Wort für Holunder. Der Volksmund verdrehte diese Bezeichnung noch einmal, aus Attichbeeren wurden Natterbeeren, und so galt der Strauch bald als Zaubermedizin gegen Schlangenbiß. Im Unterschied zum echten, Schwarzen Holunder heißt er mancherorts wilder Holler oder Schindholler. Er wurde in der Volksmedizin als harn- und schweißtreibendes Mittel verwendet.

Merkmale 0,5 – 2 m hohe, ausdauernde Pflanze, von widerlichem Geruch.
Blätter Gefiedert, mit gesägtem Rand.
Blüten Rötlich-weiß, in endständigen, schirmförmigen Trugdolden, nach bitteren Mandeln duftend. Blütezeit: Juni – August.
Früchte Schwarze, glänzende Beeren, Reifezeit: Juli – September.
Vorkommen An Wegrändern, Waldlichtungen, in Gebüschen.
Giftige Pflanzenteile Die ganze Pflanze, besonders die Samen der schwarzen Früchte.
Vergiftungserscheinungen Übelkeit, Erbrechen, Kratzen im Hals, Schwindelgefühl, Pupillenerweiterung, Herzbeschwerden. Es sind tödliche Vergiftungen vorgekommen. Auch größere Mengen Attichtees haben Erbrechen und Durchfall ausgelöst.
Gefährlichkeitsgrad Giftig +
Hinweise für Eltern Attichbeeren werden von Kindern häufig mit den Früchten des Schwarzen Holunders verwechselt und können, je nach Menge, zu Vergiftungserscheinungen führen. Auch der Verzehr von rohen Beeren des echten, Schwarzen oder des Roten Holunders ist nicht unbedenklich. Schon einige wenige Früchte haben heftiges Erbrechen bei Kindern ausgelöst.
Erste Hilfe Arzt aufsuchen.

Der Attich oder Zwerg-Holunder ähnelt, wie schon sein Name sagt, dem echten Holunder.
Allerdings bleibt er klein, und seine Triebe verholzen nicht, so daß er Jahr für Jahr frisch aus-
treibt. Die schwarzen Beerendolden können mit echten Holunderbeeren verwechselt werden.
Die ganze Pflanze ist giftig. Vor allem die Samen der Früchte sind gefährlich. Foto: Christine Henle

Baumstechapfel
Datura arborea

Nachtschattengewächse
Solanaceae

Der Baumstechapfel, ein exotisches Gewächs, bei uns als Kübelpflanze gehalten, wird etwa 1,5 m hoch. Er blüht den Sommer über mit trompetenförmigen, weißen Blüten, die stark duften. Der Baumstechapfel, in Brasilien Floripondio genannt, stammt aus Chile und Peru und erreicht dort Baumeshöhe. Seine prachtvollen, 25 cm langen, weißen Blütentrompeten duften in den Abendstunden betäubend und werden von Vögeln bestäubt. Früher war er bei uns als Kübelpflanze beliebt und gewinnt jetzt wieder zunehmend Freunde. Wie unser heimischer Stechapfel, besitzt er narkotisierende und stark giftige Wirkstoffe und wurde in seiner Heimat nicht selten zu verbrecherischen Zwecken verwendet. Um schlafende Reisende zu betäuben und auszurauben, blies man ihnen pulverisierten Stechapfelsamen durch ein Rohr gegen die Nase. Auch heute noch werden Menschen in Asien durch Aufgüsse aus den dort heimischen Stechapfelarten betäubt und beraubt.

Merkmale Bei uns Kübelpflanze, 1 – 1,5 m hoch.
Blätter Groß, eiförmig zugespitzt.
Blüten Weiß, trompetenförmig, 20 – 25 cm lang, stark duftend.
Giftige Pflanzenteile Die ganze Pflanze.
Vergiftungserscheinungen Wie beim Gemeinen Stechapfel.
Außerdem soll der Duft der Blüten narkotisierende Eigenschaften besitzen und Kopfschmerzen und Übelkeit hervorrufen.
Gefährlichkeitsgrad Sehr stark giftig + + +
Hinweise für Eltern Wo die stark giftige Kübelpflanze gehalten wird, sollten Kinder eindringlich davor gewarnt werden.
Erste Hilfe Erbrechen auslösen, in eine Klinik bringen.

Der Baumstechapfel, eine dekorative Kübelpflanze mit großen, trompetenförmigen, stark duftenden Blüten, enthält in allen Teilen hochgiftige Wirkstoffe. Foto: Hans Reinhard/OKAPIA

Bilsenkraut, Schwarzes Bilsenkraut
Hyoscyamus niger

Nachtschattengewächse
Solanaceae

Das Bilsenkraut gehört zu den Pflanzen mit sogenannten bewußtseinserweitern-
den Inhaltsstoffen, die die Menschen seit jeher faszinierten, mit denen aber auch
viel Mißbrauch getrieben wurde. Das Kraut war Bestandteil der »Hexensalbe«, durch
die sich die »Hexen« nach mittelalterlichem Aberglauben in die Lüfte zu schwingen
vermochten. Wahnvorstellungen, die sich durch die Wirkung des Giftes, das u. a.
auch ein Gefühl des Fliegens hervorruft, durchaus erklären lassen. Seher und Wahr-
sager versetzten sich mit Bilsenkrautsamen in Trance. Die Pflanze galt vom Altertum bis in unsere Zeit als Mordgift. Britannicus soll von Nero durch eine Mischung
aus Bilsenkraut, Tollkirsche und Stechapfel beseitigt worden sein, und in manchen
Gegenden Deutschlands deutet der Name »Altsitzerkraut« darauf hin, wie man sich
unnützer älter Leute entledigen konnte. Durch seine anästhesierenden Eigenschaften war es im Mittelalter ein vielverwendetes Betäubungsmittel bei chirurgi-
schen Eingriffen. Im Volk wurde es gegen Zahnschmerzen gebraucht, daher auch
sein Name Zahn- oder Apolloniakraut, nach der Patronin der Zahnleidenden. Das
Wort Bilsen dürfte der Sprache der alten Kelten entstammen, die einen Gott Belenos
verehrten. Andere Bezeichnungen, wie Tollkraut, Raasewurz, Hühnertod und Gän-
segift verweisen auf die giftigen und »tollmachenden« Eigenschaften der Pflanze.

Merkmale Meist zweijährige, 20 – 80 cm hohe Pflanze mit rübenförmiger Wurzel.
Blätter Länglich-eiförmig, buchtig gezähnt, mattgrün.
Blüten Schmutziggelb, mit violettem, netzartigem Geäder, Blütezeit: Juni – Sep-
tember.
Früchte Deckelkapseln mit vielen kleinen Samen.
Vorkommen Auf Schuttplätzen, an Wegrändern.
Giftige Pflanzenteile Die ganze Pflanze, besonders Wurzeln und Samen.
Vergiftungserscheinungen Zunächst Erregung, von Heiterkeit bis Tobsucht. Sinnes-
täuschungen, starke Hautrötung, Durst, Übelkeit, Erbrechen, Schock, zuletzt
Bewußtlosigkeit und Atemlähmung.
Gefährlichkeitsgrad Sehr stark giftig + + +
Hinweise für Eltern Vergiftungen mit Bilsenkraut sind relativ selten. Am ehesten sind
sie durch Verwechseln des Samens mit dem des Mohns möglich.
Erste Hilfe Erbrechen auslösen, sofort in eine Klinik bringen.

Das Bilsenkraut, einst berühmt und berüchtigt als Mordmittel und Bestandteil der »Hexensalben«, ist eine mittelhohe Pflanze mit schmutziggelben, geäderten Blüten, die den ganzen Sommer über erscheinen. Alle Pflanzenteile sind hochgiftig. Foto: Naturbild Ag · Schacke /OKAPIA

Bittersüßer Nachtschatten
Solanum dulcamara

Nachtschattengewächse
Solanaceae

Der Nachtschatten oder das Bittersüß, wie die Pflanze ihrer zuerst bitter-, dann süßschmeckenden Beeren wegen auch genannt wird, war im alten Volksglauben ein gutes Mittel gegen die »Schatten der Nacht«, gegen Alpdrücken, Drut und Nachtmahr. Auf den Giftgehalt der Beeren weisen Bezeichnungen wie Hunds- oder Wolfsbeer hin; weil der Stengel der Pflanze mäuseartig riecht, wurde sie in manchen Gegenden als »Mausholz« zum Vertreiben der Nager verwendet.

Merkmale Bis 2 m hoher, kletternder, auch kriechender Halbstrauch.
Blätter Eiförmig-lanzettlich, spitz.
Blüten Violett mit gelben Staubblättern, mehrere zusammenstehend. Blütezeit: Juni-September.
Früchte Eiförmige, glänzend scharlachrote, hängende Beeren. Reifezeit: September-Oktober.
Vorkommen An Ufern, Wegrändern, Gebüsch, feuchten Wäldern.
Giftige Pflanzenteile Die ganze Pflanze. 30 – 40 unreife Beeren sind für Kinder tödlich. Der Giftgehalt nimmt während der Beerenreife ab.
Vergiftungserscheinungen: Übelkeit, Erbrechen, Durchfälle, erweiterte Pupillen, Zungenlähmung, Krämpfe, zuletzt Atemlähmung.
Gefährlichkeitsgrad Sehr stark giftig + + +
Hinweise für Eltern Fast den ganzen Sommer über leuchten die attraktiven violetten Blüten aus dem Gebüsch und grüne und rote Beeren locken zum Verzehr. Der Giftgehalt ist in den unreifen Früchten am höchsten. Da die Beeren zu gleicher Zeit in verschiedenen Reifestadien am Strauch hängen, wurden sie von Kindern nicht selten verzehrt. Dabei sind tödliche Vergiftungen vorgekommen.
Erste Hilfe Erbrechen auslösen, Arzt oder Klinik aufsuchen.

Der Bittersüße Nachtschatten, ein kletternder Halbstrauch mit dekorativen violetten Blüten, hat seinen Namen von den im Herbst reifenden Beeren, die zuerst bitter, dann aber süß schmecken. Die ganze Pflanze ist sehr stark giftig. Foto: Hans Reinhard/Okapia

Buchsbaum
Buxus sempervirens

Buchsbaumgewächse
Buxaceae

Obwohl der Buchsbaum mit seinem immergrünen Laub auch heute noch Parks und Gärten belebt, hat er doch an Wertschätzung eingebüßt. Auf dem Höhepunkt der Beliebtheit stand er im Barock, als der Gartenstil architektonisch steife Formen in allen Anlagen vorschrieb. Schon im alten Rom genoß er großes Ansehen, weil er sich zu Wänden ziehen und leicht beschneiden ließ, und kunstvolle Buchsfiguren schmückten die Gärten. Das Wort Buchs ist die Abwandlung von lateinisch Buxus, das wiederum aus dem griechischen Wort für Büchse hervorgeht und darauf hinweist, daß man im Altertum Arzneibüchsen aus dem Holz verfertigt hat. Buchsbaumholz ist schwer, widerstandsfähig und hart. Funde aus der jüngeren Steinzeit zeigen, daß es schon damals zur Herstellung von Werkzeugen, Musikinstrumenten und Schmuckkästchen verwendet wurde. Fälschlicherweise verdächtigte man den Buchs einst giftiger Ausdünstungen. Leonhart Fuchs schreibt 1543: »Es soll sich mennigklich hüten und in keinem weg sich unter Buchsbaum legen / noch vil weniger darunder schlaffen / dann sein geschmack dem hirn / ja der gantzen natur des menschen widerwertig ist.«

Merkmale Bei uns etwa 1 m hoher Strauch.
Blätter Immergrün, lederig, ältere Blätter glänzend dunkelgrün, junge matt bleichgrün.
Blüten Gelblich-weiß, unscheinbar, in den Blattachseln.
Früchte Blaugrüne, kleine Kapseln, mit schwarzen Samen.
Vorkommen An warmen, trockenen Orten, in Laubmischwäldern. Zierstrauch in Gärten und Parks.
Giftige Pflanzenteile Blätter und Früchte.
Vergiftungserscheinungen Übelkeit, Erbrechen, Schwindel, Durchfall, Zittern, Krämpfe, Kollaps. In letzter Zeit sind vor allem tödliche Tiervergiftungen durch Verfüttern von Buchsbaumheckenschnitt vorgekommen.
Gefährlichkeitsgrad Stark giftig + +
Hinweise für Eltern Schwere Vergiftungen sind in letzter Zeit nicht bekannt geworden. Da der Buchs eine häufig vorkommende Pflanze im Spielbereich von Kindern ist, sollten diese davor gewarnt werden, Blätter oder Früchte zu probieren.
Erste Hilfe Bei geringer Giftaufnahme meist nicht erforderlich, sonst erbrechen lassen, Klinik aufsuchen.

Der Buchs, ein immergrüner, etwa 1,5 m hoher Strauch, der sich leicht beschneiden läßt, fand in den geometrischen Parkanlagen des Barock, aber auch in alten Bauerngärten Verwendung und ist heute noch beliebt. Blätter und Früchte sind stark giftig.

Fotos: Naturbild Ag · Schacke/OKAPIA (oben); Hans Reinhard/OKAPIA

Busch-Windröschen
Anemone nemorosa

Hahnenfußgewächse
Ranunculaceae

Das Busch-Windröschen hat als häufig vorkommende Frühlingspflanze viele verschiedenartige Volksnamen. So nennt man es nach der weißen Blütenfarbe Mehlblümli, Hemadlenz oder nackte Weibchen; nach der Blütenform Sterneli; nach den vogelfußähnlichen Blättern Krähenfüßerl. Auf den Standort weisen Waldglöggli und Buschblume und auf den Giftgehalt Hexenblum, Kopfschmerzrose oder Schwärblüte hin.

Merkmale 6 – 20 cm hohe, ausdauernde Pflanze.
Blätter drei mehrfach geteilte Hochblätter.
Blüte Weiß bis rötlich-violett, Blütezeit: März – April.
Vorkommen In Laub- und Nadelwäldern, Gebüschen, auf feuchten Wiesen.
Giftige Pflanzenteile Die ganze Pflanze.
Vergiftungserscheinungen Äußerlich Hautreizungen, innerlich Übelkeit, Brechdurchfall, blutiger Urin, Nierenschädigung. Tödliche Dosis: 30 Pflanzen.
Gefährlichkeitsgrad Giftig +
Hinweise für Eltern Nur nach dem Verzehr größerer Pflanzenmengen Erbrechen auslösen und Klinik aufsuchen.

Das Gelbe Busch-Windröschen – *Anemone ranunculoides* enthält ähnliche Wirkstoffe.

Im Frühling leuchtet das Busch-Windröschen mit seinen weißen Blütensternen aus dem Unterholz. Es enthält in allen Teilen giftige Wirkstoffe.

Foto: Roland Günter/OKAPIA

Christophskraut
Actaea spicata

Hahnenfußgewächse
Ranunculaceae

Woher das Christophskraut seinen Namen hat, ist nicht bekannt. Wahrscheinlich bezieht er sich auf alte Volksbräuche. Auch die Bezeichnung Hexenkraut deutet darauf hin. Die Namen Wolfs-, Hunds- oder Teufelsbeeren verweisen auf die Giftigkeit der schwarzen Früchte. Daß die Pflanze früher zu Heilzwecken verwendet wurde, zeigen Namen wie Heil aller Wunden, Mutterkraut u. a. an.

Merkmale Ausdauernde, 30 – 65 cm hohe Pflanze.
Blätter Langgestielt, dreigeteilt, mit gesägtem Rand.
Blüten Gelblich-weiß, in traubigen Blütenständen. Blütezeit: Mai – Juli.
Früchte Eiförmig, glänzend schwarz. Reifezeit: Juli – August.
Vorkommen Vor allem in Bergwäldern, Schluchten und krautreichen Mischwäldern. Vereinzelt auch als Ziergewächs in Gärten.
Giftige Pflanzenteile Beeren und Samen.
Vergiftungserscheinungen Rötung und Blasenbildung der Haut. Nach dem Genuß der Beeren Magen- und Darmreizung mit Erbrechen und Durchfall.
Gefährlichkeitsgrad Wenig giftig (+)
Hinweise für Eltern Bei Waldspaziergängen können Kinder die Beeren mit anderen genießbaren Waldfrüchten wie Brombeeren und Heidelbeeren verwechseln. Gelegentlich wird die Pflanze als Zierform mit roten oder weißen Früchten in Gärten gehalten und kann da zum Verzehr verlocken.
Erste Hilfe Nicht erforderlich. Nach dem Verzehr großer Mengen Beeren Arzt befragen.

Das Christophskraut ist eine etwa 0,5 m hohe, buschige Pflanze der Wälder und Schluchten. Sie trägt im Sommer zahlreiche schwarzglänzende Beeren, die schwach giftig sind.

Foto: Hans Reinhard/OKAPIA

Eberesche, Vogelbeere
Sorbus aucuparia

Rosengewächse
Rosaceae

Die Eberesche verdankt ihren Namen den eschenähnlichen Blättern. In vielen Gegenden und Mundarten aber heißt sie Vogelbeerbaum, weil ihre Früchte gern von Vögeln gefressen werden. Mit Bezeichnungen wie Krötenbeer oder Teufelskirschen drückte man den Giftverdacht aus. Mancherorts nannte man sie wegen des unangenehmen Geruchs der Blüten Stinkling oder Faulbeere. Früher steckte man in der Walpurgisnacht Ebereschenzweige an die Stalltüren, und in Schlesien glaubte man, daß viele Ebereschenfrüchte eine reiche Ernte im kommenden Jahr ankündigten.

Merkmale Bis 15 m hoher Baum, mit glänzender Rinde und lockerer Krone.
Blätter Unpaarig gefiedert, mit 4 – 9 Blättchenpaaren, im Herbst blutrot.
Blüten Weiß, in Dolden. Blütezeit: Mai – Juli.
Früchte Kugelige, scharlachrote, erbsengroße Beeren in Büscheln. Reifezeit: August – Oktober.
Vorkommen Wild fast in ganz Europa, häufig als Straßenbaum und in Gärten gepflanzt.
Giftige Pflanzenteile Rohe Beeren, gekocht sind sie genießbar.
Vergiftungserscheinungen Übelkeit, Erbrechen, Durchfall, Hautausschlag, auch Nierenschädigung nach Verzehr großer Mengen Beeren möglich.
Gefährlichkeitsgrad Wenig giftig (+)
Hinweise für Eltern Obwohl die Eberesche als häufiger Straßen- und Zierbaum leicht zugänglich ist und ihre roten, leuchtenden Früchte zum Verzehr reizen, ist die Vergiftungsgefahr gering und nur gegeben, wenn Kinder große Mengen davon essen. Kleine Mengen werden meist ohne Beschwerden vertragen; allenfalls kann eine leichte Magen-Darm-Reizung auftreten.
Erste Hilfe Meist nicht nötig. Nach Verzehr großer Mengen Arzt aufsuchen.

Wenn die scharlachroten Beerenbüschel der Eberesche reifen, geht der Sommer zu Ende. Der Vogelbeerbaum, wie er auch genannt wird, wächst fast überall. Er ist widerstandsfähiger Straßenbaum und Ziergewächs der Gärten. Seine Beeren sind in rohem Zustand leicht giftig und können Verdauungsstörungen auslösen.

Foto: Fritz Hanneforth/OKAPIA

Eibe
Taxus baccata

Eibengewächse
Taxaceae

Die Eibe genoß einst großes Ansehen. In der Antike war sie den Todesgöttern geweiht und den Kelten galt sie als heilig. Der Name Eibe, früher iw, ist uralt und bedeutet sowohl den Baum als auch den Bogen aus Eibenholz. Das Holz war wegen seiner Widerstandsfähigkeit und Elastizität seit altersher hoch geschätzt und wurde zu Pfahlbauten und Schnitzwerk verwendet. Schon in alter Zeit war das Gift der Eibe wohlbekannt. Bei Nikander, ca. 200 v. Chr., ist zu lesen: »Pflücke nicht die giftige Eibe, die der Tanne ähnlich ist, denn sie bringt dir einen tränenreichen Tod. Das Gift derselben schnürt den Schlund und den engen Weg durch die Kehle zu.« Allerdings wurde die Giftigkeit bisweilen stark überschätzt, so wenn antike Schriftsteller davor warnten, sich im Schatten von Eiben zur Ruhe zu legen, da man durch deren giftige Ausdünstungen erkranken und sterben könne. Eine irrige Ansicht, der man zuweilen heute noch begegnet. Morde und vor allem Selbstmorde wurden mit Eibengift verübt. Caesar berichtet im »Gallischen Krieg«, daß sich der Eburonenfürst Catuvolcus nicht unterwarf, sondern den Freitod durch Eibengift wählte. Als die Römer unter Augustus die spanischen Stämme besiegten, entzogen sich die Cantabrer der Schmach, indem sie sich mit dem Gift der Eibenbäume töteten.

Merkmale Bis 17 m hoher, immergrüner Nadelbaum oder Strauch.
Nadeln Oberseits dunkelgrün, glänzend, unterseits hellgrün, matt.
Blüten Unscheinbar, unterseits der Zweige.
Früchte Scharlachroter, süßlich schmeckender Samenmantel, sogen. Scheinbeere, umgibt den schwarzbraunen Samen. Reifezeit: August – Oktober.
Vorkommen Im Nadel- und Laubwald, selten, bildet keine größeren Bestände: Häufiges Ziergehölz in Gärten und Friedhöfen.
Giftige Pflanzenteile Alle Teile, mit Ausnahme des roten Samenmantels, der Scheinbeere. Besonders giftig sind die Nadeln. Tödliche Dosis für Erwachsene: 50 – 100g. Auch für Pferde sind Eibennadeln hochgiftig.
Vergiftungserscheinungen Nach 0,5 – 2 Stunden Erbrechen, Darmkoliken, Puls und Atmung zunächst beschleunigt, dann immer oberflächlicher, Kreislaufschwäche, Bewußtlosigkeit, schließlich Tod durch Kreislauf- und Atemlähmung.
Gefährlichkeitsgrad Stark giftig + +
Hinweise für Eltern In der freien Natur kommt die Eibe nur selten vor. Kinder vergiften sich meist im Wohnbereich. Der Verzehr der roten Scheinfrüchte wäre unbedenklich, wenn der darin enthaltene Same ausgespuckt oder unzerkaut verschluckt würde. Große Gefahr geht von den Eibennadeln aus, von denen oft schon wenige genügen, um beim Kind schwere Vergiftungserscheinungen hervorzurufen.
Erste Hilfe Erbrechen auslösen, in eine Klinik bringen.

Die Eibe, in Wäldern selten, in Gärten häufig zu finden, ist ein immergrüner Nadelbaum mit roten Beeren, der in der Antike als Mordmittel Verwendung fand. Alle Teile der Pflanze, außer dem Fruchtfleisch der Beeren, sind stark giftig.

Foto: Hans Reinhard/OKAPIA

Einbeere
Paris quadrifolia

Liliengewächse
Liliaceae

Die meisten Volksnamen der Pflanze beziehen sich auf den Giftgehalt der Beeren, wie Teufelsbeer, Schlangenkraut oder kleine Tollkirsche. In manchen Gegenden deutete man die blauschwarzen Früchte als Pestbeulen und so sollten sie im Sinne der alten Signaturenlehre, wonach Gleiches durch Gleiches geheilt werde, als »Pestbeerl« oder »Schwarzblatternkraut« gegen die fürchterliche Krankheit helfen.

Merkmale 10 – 40 cm hohe, ausdauernde Pflanze mit vier quirlig angeordneten Laubblättern.
Blätter Ungestielt, elliptisch-lanzettlich.
Blüten Grünlich, wenig auffallend. Blütezeit: Mai – Juni.
Früchte Eine blauschwarze, kirschgroße Beere. Reifezeit: Juli – September.
Giftige Pflanzenteile Die ganze Pflanze, besonders die Beere.
Vergiftungserscheinungen Übelkeit, Pupillenverengung, schmerzhafte Durchfälle, Schädigung der Nieren und des Zentralnervensystems (jedoch nur nach dem Verzehr größerer Mengen).
Gefährlichkeitsgrad Giftig +
Hinweise für Eltern Kinder können die süßlich schmeckenden Beeren mit Brom- oder Heidelbeeren verwechseln und da, wo sie in größeren Beständen vorkommen, auch in Mengen pflücken. Meist ist die Pflanze nur in Einzelexemplaren zu finden und verursacht keine schweren Vergiftungserscheinungen.
Erste Hilfe Meist nicht erforderlich. Nach größerer Giftaufnahme zum Arzt.

Umgeben von meist vier Blättern, bietet die Einbeere im Spätsommer ihre schwarzglänzende Frucht dar. Die Pflanze wächst in Auen und Laubwäldern und enthält in allen Teilen giftige Stoffe.

Foto: Dr. Eckart Pott/OKAPIA

Eisenhut, Blauer Eisenhut
Aconitum napellus

Hahnenfußgewächse
Ranunculaceae

Der Name geht auf die helmförmige Blüte der Pflanze zurück. Dies drückt sich auch in Volksnamen, wie Reiterkappe und Teufelskappe aus. Andere sahen die Blütenform als Schuh: Blaue Schuh, Himmelsmutterschlapfen. Auf die Giftigkeit weisen Namen wie Giftkraut und Teufelswurz hin. Der Eisenhut enthält das stärkste aller Pflanzengifte, das Alkaloid Aconitin. Seit altersher war seine tödliche Wirkung bekannt und gefürchtet. Der Sage nach entsproß die Pflanze dem Geifer des Zerberus. Sie wurde zu Mord- und Selbstmordzwecken verwendet. So soll 246 v. Chr. der syrische König Antiochus II. mit Aconit vergiftet worden sein. Auch Fredegundis, der Gemahlin Chilperichs, wurden Morde mit Eisenhut nachgesagt. Caesar zwang während des Bürgerkrieges mit Pompejus den Legaten Africanus zur Kapitulation, indem er dessen letzte Wassertümpel mit Eisenhut und Tierkadavern vergiftete. Noch die Mauren in Spanien benutzten das Kraut als Pfeilgift. Etwa um die gleiche Zeit begann man Morde mit pulverisiertem Eisenhut auszuführen, indem man den giftigen Staub auf die Betten der Opfer streute. In Mitteleuropa wurde der Eisenhut zum Töten von Wölfen und Füchsen eingesetzt.

Merkmale 50 – 150 cm hoch, ausdauernd, mit knollig-fleischigen Wurzeln und aufrechtem Stengel.
Blüten In dichten Trauben, meist violettblau. Gartenformen von hellblau bis dunkelblau und weiß. Blütezeit: Juni – August.
Blätter Tief eingeschnitten, dunkelgrün.
Früchte Kleine Kapseln mit schwarzen Samen.
Vorkommen Vor allem im Gebirge. Häufige Zierpflanze in Gärten.
Giftige Pflanzenteile Die ganze Pflanze, besonders Wurzeln und Samen. 2 – 4 g Wurzeln sind tödlich.
Vergiftungserscheinungen Nach Brennen und Kribbeln, begleitet von Schweißausbrüchen und Frösteln, breiten sich Lähmungen über den ganzen Körper aus und gehen in ein Gefühl der Eiseskälte über. Es folgen schweres Erbrechen, kolikartige Durchfälle und stärkste Schmerzen. Der Tod tritt durch Atemlähmung oder Herzversagen ein; das Bewußtsein bleibt bis zuletzt erhalten.
Gefährlichkeitsgrad Sehr stark giftig + + +
Hinweise für Eltern Der Eisenhut, als imposante Zierpflanze, ist häufig in Gärten zu finden. Da sein Gift auch über unverletzte Haut oder Schleimhaut aufgenommen wird, sind Kinder, die mit Blüten oder anderen Teilen der Pflanze spielen, gefährdet. Dies sollte man bei der Pflanzung berücksichtigen.
Erste Hilfe Sofort Erbrechen auslösen, rasch zum Arzt oder in eine Klinik.

Der Gelbe Eisenhut – *Aconitum vulparia*, Wolfseisenhut – besitzt die gleiche Giftwirkung.

Der Eisenhut, ein Gewächs der Berge, wurde zur dekorativen Zierpflanze der Gärten veredelt, die sich im Sommer mit violettblauen helmförmigen Blüten schmückt. Er enthält das stärkste aller Pflanzengifte und wurde einst als Pfeilgift und Mordmittel benutzt. Die hochgiftigen Wirkstoffe finden sich in der ganzen Pflanze, vor allem in der Wurzel, von der bereits wenige Gramm tödlich wirken.

Foto: Hans Reinhard/OKAPIA

Faulbaum
Frangula alnus

Kreuzdorngewächse
Rhamnaceae

Der Name bezieht sich auf den fauligen Geruch der Rinde und findet sich in verschiedenen Abwandlungen: Faulkirsch, Faulholz, Stinkbaum. Die ungenießbaren Beeren werden auch Hunds-, Wolfs- oder Teufelsbeer genannt, und der drastische Name Scheißbeer verweist auf die Verwendung als Abführmittel. Im 17. und 18. Jahrhundert stand die Abführwirkung des Faulbaums beim Volk in großem Ansehen. Man glaubte, wenn die Rinde nach oben geschält würde, ergäbe sie ein Brechmittel, nach unten geschabt ein Abführmittel. Den originellsten Namen aber hat man in Thüringen dem aus der Rinde hergestellten Tee gegeben: fauler Maulbeerbaumholzrindenschalentee.

Merkmale 1 – 3 m hoher Strauch oder schmächtiger Baum.
Blätter Breit-elliptisch.
Blüten Klein, grünlichweiß, Blütezeit: Mai – Juni.
Früchte Erbsengroße Beeren, die zuerst gelb-rot, im Reifezustand schwarz sind. Reifezeit: August – September.
Vorkommen An Waldrändern, auf feuchten Böden, in Wäldern.
Giftige Pflanzenteile Besonders Rinde und Früchte.
Vergiftungserscheinungen Übelkeit, Erbrechen, Durchfall mit starken Leibschmerzen.
Hinweise für Eltern Bei Waldspaziergängen könnten Kinder von den Beeren kosten. Geringe Mengen werden meist ohne Vergiftungssymptome vertragen.
Erste Hilfe Nur nach Verzehr größerer Mengen Arzt aufsuchen.

Der Faulbaum, ein Strauch mit dornenlosen Zweigen, trägt im Herbst schwarze Beeren, die ebenso wie Rinde und Blätter stark abführend wirken und Erbrechen und Übelkeit auslösen können.

Foto: Berthold Singler/OKAPIA

Färber-Ginster
Genista tinctoria

Schmetterlingsblütler
Fabaceae

Die Pflanze wurde früher zum Färben verwendet. Man erzielte damit gelbe, auf blauem Grund schöne, grüne und recht dauerhafte Farben und nannte sie deshalb auch Farbblume oder Farbkraut. Andere originelle Namen sind Gugucksblume, weil sie schon blüht, wenn der Frühlingsvogel schreit oder Hasenbrot.

Merkmale 30 – 60 cm hoher, dornenloser Strauch mit verzweigten Rutenästen.
Blätter Oben dunkelgrün, unten hellgrün, schmal.
Blüten Goldgelb, oft in reichblütigen, endständigen Rispen, Blütezeit: Juni – August.
Früchte Hülsen mit 6 – 10 Samen. Reifezeit: August – Oktober.
Vorkommen Trockene Wiesen, lichte Wälder, Raine.
Giftige Pflanzenteile Die ganze Pflanze.
Vergiftungserscheinungen Erbrechen, Durchfall, Schwindel, Kreislaufkollaps.
Gefährlichkeitsgrad Stark giftig + +
Hinweise für Eltern Alle Ginsterarten, auch die Zierformen der Gärten, enthalten giftige Inhaltsstoffe. Vergiftungen kommen selten vor. Doch ist nicht auszuschließen, daß Kinder mit den Hülsen spielen und die Samen verschlucken.
Erste Hilfe Meist nicht nötig. Nach Verzehr größerer Pflanzenmengen viel trinken und erbrechen lassen, Arzt aufsuchen.

Deutscher Ginster – *Genista germanica* und Besenginster – *Sarothamnus scoparius* rufen ähnliche Giftwirkungen wie der Färberginster hervor.

Der Färber-Ginster, einstmals zum Färben gebraucht, ist ein kleiner dornenloser Strauch, der im Sommer mit goldgelben Rispen blüht, aus denen im Herbst Samenhülsen hervorgehen. Alle Teile der Pflanze sind stark giftig. Foto: Naturbild Ag · Schacke/OKAPIA

Feuer-Bohne
Phaseolus coccineus

Schmetterlingsblütler
Fabaceae

Die Pflanze wird wegen ihrer feuerroten Blüten und der fremden Herkunft auch Blumenbohne, Kapuziner- oder Türkenbohne genannt. Sie stammt aus dem tropischen Amerika und war vor 1624 in Europa unbekannt. Sie soll durch den holländischen Admiral Hains eingeführt worden sein. 1635 war sie in Paris in solchen Mengen in Kultur, daß man aus den Blütentrauben Sträuße und Kränze band. Seitdem hat sie sich über den größten Teil Europas verbreitet.

Merkmale Meist einjährige, mehrere Meter lange Schlingpflanze.
Blätter Aus 3 Blättchen zusammengesetzt, wechselständig.
Blüten 6 – 10 Paar langgestielter Blüten, feuerrot, in den Blattachseln. Blütezeit: Juni – September.
Früchte Hängende Hülsen, rauh, mit 3 – 6 glatten, dunkelgefleckten Samen (Bohnen).
Vorkommen Südamerika, bei uns Gartenpflanze.
Giftige Pflanzenteile Nur die rohen Fruchtschalen und Samen; gekocht sind sie unschädlich.
Vergiftungserscheinungen Nach 2 – 3 Stunden Übelkeit, Erbrechen, kolikartige Bauchschmerzen, Durchfall, Kreislaufkollaps, auch mit tödlichen Ausgang.
Gefährlichkeitsgrad Stark giftig + +
Hinweise für Eltern Bei Kindern kommt es immer wieder zu schweren Vergiftungen, da sie aus Unkenntnis rohe Bohnen essen.
Erste Hilfe Erbrechen lassen, Arzt verständigen.

Alle anderen Gartenbohnen – *Phaseolus vulgaris*, wie Stangenbohnen – *ssp. vulgaris* oder Buschbohnen – *ssp. nanus*, sind roh gegessen ebenfalls giftig.

Die Feuer-Bohne, eine einjährige Gemüsepflanze, war einst ihrer aparten Blüten wegen beliebt. Sie enthält in Hülsen und Samen hochgiftige Stoffe, die erst durch Kochen zerstört werden. Rohe Bohnen können für spielende Kinder gefährlich werden.

Fotos: Hans Reinhard/OKAPIA; Naturbild Ag · Schenk/OKAPIA (unten)

Gefleckter Schierling
Conium maculatum

Doldengewächse
Apiaceae

Der Schierling ist eine der bekanntesten und gefährlichsten Giftpflanzen der Weltgeschichte. Seit altersher wurde er zu Morden und Selbstmorden verwendet, und in Athen war der Trank des Schierlingsbechers seit 404 v. Chr. die Hinrichtungsform für politische Verbrecher. Auch Sokrates, der Philosoph, mußte sie 399 v. Chr. erleiden. Das Gift soll durch »Erkältung« töten, worunter aufsteigende Kälte und Gefühllosigkeit zu verstehen ist. Auf diese Wirkung spielt der griechische Dichter Aristophanes in seinem Werk »Die Frösche« an, als er sagt: »Der Weg durch Schierling zum Hades ist kalt und winterlich, rasch erstarren die Beine.« Der Name der Pflanze geht wohl auf das althochdeutsche scerning und die angelsächsische Form scearn zurück, was soviel wie Mist bedeutet und sich auf den unangenehmen Geruch nach Mäuseharn beziehen könnte. Weitere Volksnamen, wie Wüterich, Teufelspetersilie, Vogeltod oder Bangenkraut zeigen den starken Giftgehalt der Pflanze an.

Merkmale 0,5 – 2,5 m hohe, ein- zweijährige Pflanze mit widerlichem Mäusegeruch und rundem, gerilltem, meist rotfleckigem Stengel.
Blätter Dunkelgrün, 3fach gefiedert, kahl.
Blüten In weißlichen Dolden. Blütezeit: Juni – September.
Vorkommen An Hecken, Wegrändern, auf Kirchhöfen, Ödland, Schuttplätzen, gern in der Nähe menschlicher Siedlungen.
Giftige Pflanzenteile Die ganze Pflanze.
Vergiftungserscheinungen Das Gift wird rasch über die Schleimhäute, aber auch über die unverletzte Haut aufgenommen. Zuerst Brennen im Mund, Speichelfluß, Sehstörungen, Lähmung der Zunge und Erbrechen, von den Beinen aufsteigende Lähmung, Kälte und Gefühllosigkeit, nach 0,5 – 5 Stunden Tod durch Atemlähmung, meist bei vollem Bewußtsein.
Gefährlichkeitsgrad Sehr stark giftig + + +
Hinweise für Eltern Vergiftungen mit der Pflanze kommen selten vor, sind aber nicht auszuschließen. Dies zeigte 1981 eine Vergiftung von Schulkindern, die Schierlingswurzeln gegessen hatten.
Erste Hilfe Sofort Erbrechen auslösen und in eine Klinik bringen.

Der Gefleckte Schierling wurde durch die Hinrichtung von Sokrates zur bekanntesten Gift-pflanze der Geschichte. Als Doldengewächs können die oberirdischen Teile mit Petersilie oder Kümmel, die Wurzeln mit Meerettich, Pastinak oder Sellerie verwechselt werden.

Foto: Christine Henle

Gemeiner Efeu
Hedera helix

Efeugewächse
Araliaceae

Der Efeu, ein immergrünes Holzgewächs, das mit Haftwurzeln Bäume und Mauern erklimmt, blüht im Herbst mit unscheinbaren, grünlichen Blütendolden. Die zunächst rötlichen, dann schwarzen Beeren reifen im Frühjahr. Der Efeu, der Ruinen, Schlösser und Felsen malerisch umrankt, in Bäume klettert und Gärten und Friedhöfe schmückt, kann ein hohes Alter erreichen. Im Süden sollen es Einzelexemplare auf 1000 Jahre bringen. Einer der ältesten und prächtigsten Efeubäume Deutschlands ist der Wittenberger Efeu, der noch aus Luthers Zeit stammen könnte. Die Herkunft des Namens Efeu ist unbekannt. In einigen Gegenden wird er nach seiner Wuchsform Baumläufer oder Klimmup genannt, andernorts Wintergrün, wegen des immergrünen Laubs. In der Antike spielte er im Dionysoskult eine große Rolle. Wie die Weinrebe, war er dem Gotte heilig und fand auf ornamentalen Darstellungen reichliche Verwendung. Er galt als Symbol bacchischer Ausgelassenheit und soll auch heute noch Heiterkeit, Fröhlichkeit und Freundschaft ausdrücken.

Merkmale 3 – 20 m hoch kletterndes Holzgewächs, auch kriechend.
Blätter Immergrün, lederig, sehr verschieden gestaltet.
Blüten Grünlich, unscheinbar, in Dolden. Blütezeit: September – Oktober.
Früchte Erbsengroße Beeren, erst rötlich, dann schwarz, von bitterem Geschmack.
Reifezeit März – April.
Vorkommen An Mauern und Bäumen, in Parks, Gärten und hellen Wäldern.
Giftige Pflanzenteile Blätter, Beeren.
Vergiftungserscheinungen Übelkeit, Erbrechen, Kopfschmerzen, scharlachartiger Ausschlag, Schock, Atemstillstand. Nach dem Verzehr großer Mengen von Beeren sind Vergiftungen mit tödlichem Ausgang möglich.
Bei empfindlichen Personen kann nach Berührung von Blättern, Stengeln oder Wurzeln eine Hautentzündung entstehen.
Gefährlichkeitsgrad Giftig +
Hinweise für Eltern Efeubeeren sind im allgemeinen nur in den Kronen der Bäume und damit schwer zu erreichen. Können sie aber doch erlangt werden, so wirken sie zu ihrer ungewöhnlichen Reifezeit im Frühjahr auf Kinder verlockend. Wegen des bitteren Geschmacks werden meist nicht viele davon verzehrt.
Erste Hilfe Bei geringen Mengen nicht erforderlich. Nach großer Giftaufnahme in eine Klinik bringen.

Dem Efeu, einem immergrünen Klettergewächs, ist keine Mauer und kein Baum zu hoch. Als Besonderheit im Pflanzenreich bringt er seine schwarzen, bitter schmeckenden Beeren im Frühjahr zur Reife. Der Verzehr von Blättern und Beeren kann Vergiftungserscheinungen hervorrufen.

Foto: Dr. Eckart Pott/OKAPIA

Gemeiner Goldregen
Laburnum anagyroides

Schmetterlingsblütengewächse
Fabaceae

Der Goldregen stammt aus dem Mittelmeergebiet, ist aber bei uns schon seit dem 16. Jahrhundert in Kultur. Sein Name ergab sich aus der Fülle der herabhängenden, goldgelben Blütentrauben. In Österreich nennt man ihn nach der Form der Früchte Bohnenbaum und in der Schweiz, nach den kleeartigen Blättern, Kleebaum.

Merkmale Kleiner Baum oder Strauch, bis 7 m hoch, mit überhängenden Zweigen.
Blätter Dreigeteilt (kleeähnlich), unterseits hellgrau.
Blüten Goldgelb, in langen, bogig überhängenden Trauben, Blütezeit: April – Juni.
Früchte Flache, dunkelbraune Samen in seidig behaarten, braunen Hülsen. Reifezeit: Juli.
Vorkommen In lichten Wäldern Süd- und Osteuropas. Bei uns beliebter Zierstrauch in Gärten und Anlagen.
Giftige Pflanzenteile Die ganze Pflanze, besonders die Schoten mit den bohnenähnlichen Samen.
Vergiftungserscheinungen Brennen in Mund und Rachen, Durst, Übelkeit, langanhaltendes Erbrechen, Schweißausbruch, Lähmungen. Bei tödlicher Vergiftung Tod durch Atemlähmung.
Gefährlichkeitsgrad Sehr stark giftig + + +
Hinweise für Eltern Der Goldregen ist ein stark giftiges Gewächs, 15 – 20 Samen sind für Kleinkinder tödlich, zugleich aber auch ein beliebter Zierstrauch, der in Gärten und Anlagen, sogar an Kinderspielplätzen zu finden ist. Seine Schoten mit den bohnenähnlichen Früchten verlocken zum Spielen. Dabei können Samen zerkaut und verschluckt werden. Auch Lutschen an Blüten oder Zweigen ist gefährlich.
Erste Hilfe Erbrechen auslösen, viel trinken lassen, warmen Tee, Himbeerwasser, rasch ins Krankenhaus bringen.

Der Goldregen, ein Zierstrauch der Gärten und Anlagen, schmückt sich im Frühsommer mit goldgelben Blütengehängen. Die ganze Pflanze ist hochgiftig, und ihre braunen Hülsen mit den bohnenähnlichen Samen können für spielende Kinder gefährlich sein.

Foto: Manfred Dannegger/OKAPIA

Gemeiner Schneeball
Viburnum opulus

Geißblattgewächse
Caprifoliaceae

Der Gemeine Schneeball, ein bis 4 m hoher Strauch, wächst auf feuchten Böden, in Gebüschen und Laubwäldern. Zur Blütezeit im Vorsommer trägt er weiße Dolden, die bei den veredelten Gartenformen Kugelgestalt annehmen. Im Herbst reifen scharlachrote, erbsengroße Beeren, die in Büscheln zusammenstehen. Der Name Schneeball gilt besonders für die Gartenformen des Strauchs. Volksnamen wie Blutbeer, Glasbeeren, rote Gimpelbeeren beziehen sich meist auf die rote Farbe der Beeren, die oft bis in den Winter an den Zweigen hängen. Die Vögel fressen sie nur bei großem Hunger.

Merkmale Bis 4 m hoher Strauch oder kleiner Baum.
Blätter Ahornähnlich, buchtig gezähnt.
Blüten In reichverzweigten, lockeren Trugdolden. Randständige Blüten größer, flach, weiß. Blütezeit: Mai – Juli.
Früchte Scharlachrote Steinbeeren. Reifezeit: August – November.
Vorkommen In feuchten Gebüschen, Laubwäldern, feuchten Wiesen. Die Blüten des Gartenschneeballs haben Kugelgestalt, so daß sich der Vergleich mit einem Schneeball aufdrängt.
Giftige Pflanzenteile Rinde und Blätter; Beeren nur bedingt.
Vergiftungserscheinungen Die reifen Beeren sollen nicht giftig sein. In größeren Mengen oder unreif gegessen, rufen sie jedoch Magen- und Darmreizungen hervor.
Gefährlichkeitsgrad Giftig +
Hinweise für Eltern In sehr geringen Mengen genossen, sind reife Beeren unschädlich.
Erste Hilfe Nur nach Verzehr größerer Mengen oder unreifer Beeren Erbrechen auslösen und Arzt verständigen.

Der Wollige Schneeball – *Viburnum lantana*, mit schmutzig-weißen Blüten und zuerst roten, dann glänzend-schwarzen Beeren, entspricht in der Giftwirkung der des Gemeinen Schneeballs.

Der Schneeball, ein Strauch feuchter Gebüsche, verändert bei den Gartenformen seine flachen, weißen Dolden zu Blütenkugeln, die an Schneebälle erinnern. Die im Herbst reifenden scharlachroten Beeren sind nur leicht giftig. Höheren Giftgehalt weisen Rinde und Blätter auf.

Foto: Fritz Hanneforth/OK APIA

Gemeiner Stechapfel, Weißer Stechapfel
Datura stramonium

Nachtschattengewächse
Solanaceae

Woher der Stechapfel stammt und wer ihn nach Europa brachte, ist nicht bekannt. Vielleicht ist seine Heimat das südliche Rußland, und Zigeuner könnten dazu beigetragen haben, ihn zu verbreiten. Sie waren es jedenfalls, die die beste Kenntnis seiner berauschenden Wirkung besaßen und aus den Blättern der Pflanze Getränke und Zaubermittel brauten. Seit dem 16. Jahrhundert sind auch bei uns Stechapfelzubereitungen als Hexensalben und Liebestränke bekannt. Darauf weist auch der Volksname Teufelsapfel hin. Im 18. Jahrhundert stand der Stechapfel im Mittelpunkt der Hexenprozesse. Über sein starkes Gift schrieb schon Theophrast (372 – 287 v. Chr.): »Nach Einnahme einer Unze wird der Patient fröhlich und meint, er sei der Held des Tages, zweimal die Unze und er wird bösartig mit Wahnvorstellungen, dreimal dieselbe und er bleibt dauernd irr, viermal die Dosis und er ist tot.« Morde und Selbstmorde mit Stechapfelarten werden bis in unsere Zeit verübt. So untersuchte die indische Regierung allein in Agra 3000 Todesfälle durch Stechapfel, die in den Jahren 1950 – 1965 aufgetreten sind.

Merkmale Ca. 1 m hohe, einjährige Pflanze mit gespreiztem Stengel.
Blätter Eiförmig, zugespitzt, gestielt, oben dunkelgrün, unten heller.
Blüten Weiß, trompetenförmig, Blütezeit: Juni – September.
Früchte Grüne Kapseln, stachelig, mit schwarzen Samen, Reifezeit: August – Oktober.
Vorkommen Wegränder, Gärten, Schuttplätze.
Giftige Pflanzenteile Die ganze Pflanze, vor allem Wurzeln und Samen.
Vergiftungserscheinungen Erregung, Sinnestäuschungen, Herzklopfen, Übelkeit, Benommenheit, zuletzt Atemlähmung.
Gefährlichkeitsgrad Sehr stark giftig + + +
Hinweise für Eltern Die stacheligen Früchte erinnern an Kastanien und verleiten Kinder, damit zu spielen. Dabei können Samen verschluckt werden.
Erste Hilfe Erbrechen auslösen, in eine Klinik bringen.

Der Gemeine Stechapfel, eine mittelhohe, einjährige Pflanze, wächst auf Ödland und trägt im Sommer weiße, trompetenförmige Blüten, im Herbst grüne, stachlige Kapselfrüchte, die mit Kastanien verwechselt werden können. Die ganze Pflanze enthält hochgiftige, halluzinogen wirkende Inhaltsstoffe, die einst in Hexensalben und Zaubertränken Verwendung fanden.

Foto: Lothar Lenz/OKAPIA

Herbst-Zeitlose
Colchicum autumnale

Liliengewächse
Liliaceae

Die fleischfarbenen Blüten der Pflanze, die im Herbst ohne Blätter dastehen, haben ihr recht drastische Namen eingebracht: Nackerte Jungfer, Nackarsch, nackte Hur. Nach ihrem starken Giftgehalt nennt man sie auch Hennegift oder Leichenblume. Das Gift verwendete man als Mittel gegen Läuse. Doch schon Hieronymus Bock rät im 15. Jahrhundert, die »wiesenzeytlosen« recht vorsichtig zu benutzen. »wiewohl diese wurtzel und blumen etwas nütz seind, allerlei leuß darmit zu vertreiben, so ist doch dagegen mehr schadens zu besorgen - wa man diese wurtzel in leib brauchen wolt.« Ihr lateinischer Name Colchicum erinnert an Colchis, die Heimat Medeas, der klassischen Giftmischerin der griechischen Sage. Die Herbst-Zeitlose ist eine gefährliche Giftpflanze für Mensch und Weidetier. Ihre hochgiftigen Samen wurden seit altersher zu Mord- und Selbstmordzwecken verwendet. Doch auch Unachtsamkeit im Sammeln von Kräutern kann tödliche Folgen haben. So starb kürzlich ein Mann trotz ärztlicher Intensivmaßnahmen, weil er statt Bärlauch Herbst-Zeitlosenblätter gesammelt und als Gemüse verzehrt hatte.

Merkmale Knollenpflanze, 8 – 25 cm hoch.
Blätter Länglich lanzettlich, bis 40 cm lang, erscheinen im Frühjahr.
Blüten Lila-rosa, selten weiß, Blütezeit im Herbst, selten auch im Frühjahr.
Früchte Fruchtkapseln länglich eiförmig, mit kleinen, schwarzbraunen Samen. Reifezeit: Mai – Juni.
Vorkommen Meist gesellig auf Wiesen.
Giftige Pflanzenteile Die ganze Pflanze, besonders jedoch Wurzel und Samen. Für Erwachsene gelten 5 g Samen als tödlich.
Vergiftungserscheinungen Symptome treten oft erst 2 – 6 Stunden nach Einnahme auf. Übelkeit, Schock, Krämpfe, Lähmungen, Herzrhythmusstörungen, blutiger Durchfall, rascher Puls, Atemlähmung.
Gefährlichkeitsgrad Sehr stark giftig + + +
Hinweise für Eltern Kinder pflücken gern die letzten Blumen des Jahres. Manchmal lutschen sie daran oder essen kleine Stücke davon; noch häufiger sind Vergiftungen, wenn sie im Frühsommer mit den Samenkapseln und den darin klappernden Samen spielen. Schon geringe Mengen verschluckter Samen rufen schwere Vergiftungserscheinungen hervor. 1,5 g Samen gelten als tödliche Dosis für Kinder. Es gibt veredelte Zierformen der Herbstzeitlosen, sie sollten im Garten nicht gepflanzt werden.
Erste Hilfe Sofort Erbrechen auslösen (nur unmittelbar nach Giftaufnahme noch sinnvoll) und in eine Klinik bringen.

Wenn der Herbst ins Land zieht, erscheinen auf den Wiesen die lilafarbenen Blüten der Herbst-Zeitlose. Daß die Pflanze im Frühjahr längliche Blätter und im Sommer eiförmige Samenkapseln entwickelt, ist vielen nicht bekannt. Die Herbst-Zeitlose ist hochgiftig, wenige Gramm ihrer Samen wirken tödlich.

Foto: Rolf E. Kunz/OKAPIA

Hundspetersilie
Aethusa cynapium

Doldengewächse
Apiaceae

Schon seit altersher ist die Giftigkeit der Pflanze und ihre Ähnlichkeit mit der echten Petersilie bekannt. Dies drückt sich in Volksnamen wie: wilde Peterli, Hunds- oder Katzenpeterli, Tollkraut und Krötenpeterli aus. Auch die Bezeichnungen Kleiner oder Gartenschierling weisen auf die gesundheitlichen Gefahren beim etwaigen Verzehr hin.

Merkmale 1jährige Pflanze, bis 1,5 m hoch.
Blätter Dunkelgrün, 2 – 3fach gefiedert, in der Form der echten Petersilie sehr ähnlich und im Gegensatz zu dieser an der Unterseite stark glänzend. Der Geruch der zerriebenen Pflanze ist nicht würzig, sondern widerlich, an Mäuseharn erinnernd.
Blüten Weiß, in flachen Dolden. Blütezeit: Juni – Oktober.
Früchte Kugelig, im Reifezustand strohgelb.
Vorkommen In Gebüschen, Wäldern, Auen und Äckern, gern auch im Petersilienbeet.
Giftige Pflanzenteile Die ganze Pflanze.
Vergiftungserscheinungen Brennen im Mund, Erbrechen, Koliken, beschleunigter Puls, Pupillenerweiterung, Krämpfe, Bewußtseinsverlust, Atemlähmung.
Gefährlichkeitsgrad Sehr stark giftig + + +
Hinweise für Eltern Die Pflanze kann mit der echten Petersilie leicht verwechselt werden. Oft gerät sie mit verunreinigtem Petersiliensamen in den Garten. Um bei Kleinkindern jedes Risiko auszuschließen, sollte man nur Samen der krausen Petersilie verwenden; Hundspetersilie bildet keine gekräuselten Blattformen aus.
Erste Hilfe Sofort in eine Klinik bringen.

Die Hundspetersilie, eine einjährige, bis 1,5 m hohe Pflanze, gehört in die große Familie der Doldengewächse, die für den Laien schwer zu unterscheiden sind. Ihre große Ähnlichkeit mit der echten Petersilie und ihr starker Giftgehalt machen sie gefährlich. Foto: Christine Henle

Kartoffel
Solanum tuberosum

Nachtschattengewächse
Solanaceae

Die Kartoffel, ursprünglich exotisch, wird heute überall kultiviert. Sie ist ein etwa 50 cm bis 1 m hohes Knollengewächs und trägt im Sommer weiße, rötliche oder blaue Blüten. Im Herbst reifen grünbleibende, kirschengroße Beeren. Nur die Knollen der Pflanze sind genießbar. Die Kartoffel, chilenisch Lluki, wird seit 2000 Jahren in den Anden angebaut. Sie kam in der 2. Hälfte des 16. Jahrhunderts nach Spanien und von dort über Italien und Frankreich nach Deutschland. Ehe man ihren wahren Wert erkannte, mußten kuriose Vorstellungen überwunden werden. So sah man in ihr sowohl ein potenzsteigerndes Mittel, als auch ein tödliches Gift und die Ursache für Lepra. Die Franzosen hielten sie zunächst für eine ungenießbare Trüffel, und die Schotten weigerten sich über 200 Jahre lang sie zu kultivieren, weil sie nicht in der Bibel erwähnt wurde. Erst die Hungerjahre 1771 und 1772 erzwangen ihren Anbau und man lernte ihren Geschmack und Nahrungswert schätzen. Der Name Kartoffel entlehnt sich aus dem italienischen tartufolo und die Bezeichnung Erdapfel aus dem französischen pomme de terre. Originelle örtliche Benennungen sind Erdpumsa, Nudeln und Mäusle. Obwohl eines unserer wichtigsten Nahrungsmittel, gehört die Kartoffel doch in die große Familie der Nachtschattengewächse. Sie enthält in allen Teilen, besonders in den unreifen Beeren und den durch Lichteinfluß grüngewordenen oder durch zu lange und zu warme Lagerung ausgekeimten Knollen, das giftige Solanin.

Merkmale 0,5 – 1 m hohe, krautige, ausdauernde Pflanze mit ästigem Stengel und Wurzelknollen.

Blätter Gefiedert, herzförmig.

Blüten Weiß, rötlichviolett bis blau, in der Mitte mit gelbgrünem Stern, radförmig, in gestielten Wickeln. Blütezeit: Juni – August.

Vorkommen In fast allen Ländern kultiviert.

Giftige Pflanzenteile Beeren, unreife und gekeimte Knollen und alle oberirdischen Teile.

Vergiftungserscheinungen Kopfschmerzen, Übelkeit, Durchfall, weite Pupillen, Benommenheit, Krämpfe, zuletzt Atemlähmung.

Gefährlichkeitsgrad Stark giftig + +

Hinweise für Eltern Da durch Verzehr von Kartoffelbeeren bei Kindern schwere Vergiftungen aufgetreten sind, sollte man sie dringend vor den Früchten unseres »täglichen« Nahrungsmittels warnen.

Erste Hilfe Erbrechen auslösen, Arzt oder Klinik aufsuchen.

Wer denkt beim Verzehr von Kartoffeln daran, daß es sich dabei um eine Vertreterin der Nachtschattenfamilie mit stark giftigen Inhaltsstoffen handelt, die sich in den oberirdischen Teilen der Pflanze, vor allem in den grünen Beeren konzentrieren. Unter Lichteinfluß allerdings reichert sich das giftige Solanin auch in den Kartoffelknollen an und kann zu Vergiftungen führen.

Fotos: Christine Henle, Naturbild Ag · Schacke/OKAPIA (unten)

Liguster
Ligustrum vulgare

Ölbaumgewächse
Oleaceae

Der heute gebräuchliche Name Liguster geht wohl ursprünglich auf das lateinische Wort ligare = binden zurück. Früher nannte man den Strauch nach den schmalen, weidenähnlichen Blättern auch Rain- oder Zaunweide. In manchen Gegenden hießen seine giftigen Beeren Teufelskirschen oder Bocksbeer und wurden als »Tintenbeeren« zum Färben verwendet. Das knochenharte Holz, aus dem Holznägel oder Rechenbögen gefertigt wurden, trug dem Strauch auch den Namen Beindl- oder Nagelholz ein.

Merkmale Bis 5 m hoher Strauch, mit aufrechten, grau berindeten Ästen.
Blätter: Dunkelgrün, lederartig, meist lanzettlich, an geschützten Orten auch wintergrün.
Blüten Weiß, in endständigen Rispen, duftend, Blütezeit: Juni – Juli.
Früchte Glänzendschwarze, erbsengroße Beeren, die oft den ganzen Winter über am Strauch hängen. Reifezeit: September – Oktober.
Vorkommen An Waldrändern, in Gebüschen; in Gärten und Anlagen häufig als Schnitthecke gepflanzt.
Giftige Pflanzenteile Beeren, Blätter, Rinde.
Vergiftungserscheinungen Übelkeit, Erbrechen, Durchfall, Kreislauflähmung. Beim Heckenschneiden kann es zu Hautreizungen kommen.
Gefährlichkeitsgrad Giftig +
Hinweise für Eltern Obwohl die in Gärten und Anlagen gepflanzten und beschnittenen Ligusterhecken meist keine Früchte ausbilden, finden Kinder doch immer wieder Sträucher voll der schwarzen Beeren, die sie zum »Probieren« verlocken. So verzeichnen Giftinformationszentralen auffallend viele Anfragen besorgter Eltern. Nach heutigen Erkenntnissen scheint die Giftigkeit geringer als früher angenommen und führt erst nach Verzehr größerer Mengen von Beeren zu ernsthaften Vergiftungserscheinungen.
Erste Hilfe Nur nach Aufnahme größerer Mengen der Pflanze Erbrechen auslösen und ins Krankenhaus bringen.

Der Liguster, ein Strauch mit weidenförmigen Blättern, ist in der freien Natur und in den Gärten häufig zu finden. Im Vorsommer schmückt er sich mit duftenden, weißen Blütenrispen und im Herbst trägt er zahlreiche glänzendschwarze Beeren, die nicht selten von Kindern probiert werden. In größeren Mengen verzehrt, rufen sie Vergiftungserscheinungen hervor.

Foto: Hans Reinhard/OKAPIA

Lorbeerkirsche
Prunus laurocerasus

Rosengewächse
Rosaceae

Die Lorbeerkirsche gelangte im 16. Jahrhundert aus dem Orient in die Gärten des Fürsten Doria in Genua. Sie trat von dort ihre Wanderung in andere europäische Länder an, wo sie als dekorativer Zierstrauch, der sich leicht beschneiden läßt, in Parks, Gärten und Friedhöfen Verwendung fand.

Merkmale 2 – 3 m hoher Strauch.
Blätter Immergrün, lederig-derb, glänzend.
Blüten Weiß, in aufrechten, vielblütigen kleinen Trauben, Blütezeit: Mai.
Früchte Erst rot, dann schwarz, kugelig, Reifezeit: August – Oktober.
Vorkommen Heimat SO-Europa, bei uns beliebter Gartenstrauch in vielen Formen.
Giftige Pflanzenteile Alle Teile, besonders Samen und Blätter.
Vergiftungserscheinungen Erregung, Gesichtsrötung, Kratzen im Hals, Atem- und Herzstillstand.
Gefährlichkeitsgrad Stark giftig + +
Hinweise für Eltern Der Strauch ist häufig in Gärten zu finden, und die Beeren wirken verlockend auf Kinder, zumal sie nicht schlecht schmecken. Im Fruchtfleisch ist der Blausäuregehalt gering, im Samen dagegen hoch. Solange die Samen ausgespuckt oder unzerkaut verschluckt werden, sind kaum ernstliche Vergiftungserscheinungen zu erwarten. Auch Bittermandeln und Pfirsichkerne enthalten Blausäure. 10 bittere Mandeln sind für Kinder und etwa 60 für Erwachsene tödlich.
Erste Hilfe Nur nach Verzehr von zerkauten Samen oder Blättern Erbrechen auslösen, sofort in eine Klinik bringen.

Die Lorbeerkirsche, ein etwa 2 m hoher Strauch, ist ein Ziergewächs der Gärten. Die Pflanze blüht im Mai mit weißen Trauben. Ihre Beeren, erst purpurn, dann schwarz, reifen im Herst und sind, falls der stark giftige Same nicht zerkaut wird, unschädlich. Der Giftgehalt der Pflanze konzentriert sich in Blättern und Samen. Foto Christine Henle

Maiglöckchen
Convallaria majalis

Liliengewächse
Liliaceae

In einigen Kräuterbüchern des 16. Jahrhunderts wurde das Maiglöckchen als *Lilium convallium*, die Lilie der Täler bezeichnet. Das Volk hat den lateinischen Namen oft originell verdreht: Liljenconveilchen, Fillifalliblüh oder Lilumfallum. Die Schweden machten daraus »Lille Kong Valle«, den »kleinen König Waldemar«. Die meisten Volksnamen beziehen sich jedoch auf die Blütezeit der Pflanze: Maiblümchen, -röschen, -schellchen. Im 16. Jahrhundert genoß das Maiglöckchen großes Ansehen als Mittel, »Herz und Hirn« zu stärken und wurde zum Symbol des Arztes. Auf alten Ärztebildern ist es häufig zu finden. Später geriet seine Heilwirkung in Vergessenheit und wurde erst wieder Ende des 19. Jahrhunderts »entdeckt«. Wegen seiner Giftigkeit spielte es in der Volksmedizin eine geringe Rolle.

Merkmale 10 – 20 cm hoch, ausdauernd, grundständige Laubblätter und unbeblätterter Blütenstengel mit einseitswendiger, 5 – 13blütiger Traube.
Blätter Langgestielt, elliptisch-lanzettlich, zugespitzt.
Blüten Wohlriechend, glockenförmig, weiß. Blütezeit: Mai – Juni.
Früchte Kugelige, scharlachrote, erbsengroße Beeren. Reifezeit: Juli – August
Vorkommen Gesellig in lichten Laub- und Nadelwäldern und Gebüschen, auch auf Bergwiesen. Häufige Zierpflanze der Gärten.
Gifitige Pflanzenteile Die ganze Pflanze, besonders Blüten und Früchte.
Vergiftungserscheinungen Bei Berührung kann es zu Haut- und Augenreizungen kommen. Nach Verzehr von Pflanzenteilen treten Übelkeit, Durchfall, Herzrhythmusstörungen und Schwindel auf. Zunächst hoher, dann verminderter Blutdruck, zuletzt Atemstillstand. 1 – 5 Beeren werden meist symptomlos vertragen. Bei größeren Mengen sind ernste Vergiftungserscheinungen zu erwarten.
Gefährlichkeitsgrad Sehr stark giftig + + +
Hinweise für Eltern Die beliebte Pflanze wird dem Kind meist durch die Eltern selbst nahegebracht. Es wird zum Maiglöckchenpflücken mitgenommen. Wenn Kinder da sind, sollte das Maiglöckchen im Hausgarten nicht gehalten werden.
Erste Hilfe Bei geringen Mengen nicht nötig. Sonst Erbrechen auslösen und Arzt aufsuchen.

Das Maiglöckchen, eine unserer beliebtesten Pflanzen, blüht zur Maienzeit oft in großen Beständen in Gebüschen und Wäldern. Wegen seiner weißen, stark duftenden Blüten- glöckchen hat es auch als Zierpflanze Einzug in die Gärten gehalten. Weniger bekannt sind die scharlachroten, leuchtenden Beeren, die im Sommer reifen und nicht allzu häufig zu fin- den sind. Alle Pflanzenteile sind sehr stark giftig, doch konnten einige wenige Beeren meist ohne Schaden verzehrt werden.

Fotos: Hans Reinhard/OKAPIA

Narzisse
Narcissus

Narzissengewächse
Amaryllidaceae

Einer alten Legende zufolge verliebte sich der Jüngling Narziß in die Schönheit seines Spiegelbildes im Wasser. Er verschmachtete und verwandelte sich in die Blume, die seinen Namen trägt. Die Schönheit der Narzissen hat Dichter zu allen Zeiten angeregt. So sagt Shakespeare in seinem »Wintermärchen« »Sobald Narzissen aus dem Boden lugen ..., dann, ja dann kommt des Jahres süßeste Zeit.« In der älteren Medizin spielten Blätter und Zwiebeln der Pflanze eine große Rolle; ihre giftigen Eigenschaften waren bereits den Alten bekannt.

Gelbe Narzisse – *Narcissus pseudonarcissus*
Neben der Bezeichnung Osterglocke trägt sie viele Namen, die sich auf die Blütezeit beziehen, wie Märzenbecher, Märzstern, Osterlilie u. a. In Österreich nennt man sie wegen der Form der Nebenkrone, die an eine Krause erinnert, Gänskragen.
Merkmale 15 – 40 cm hohes Zwiebelgewächs, ausdauernd.
Blätter 3 – 6, schmal, blaugrün.
Blüten Groß, trompetenförmig, Blütezeit: März – Mai.
Vorkommen Auf Bergwiesen, in lichten Laubwäldern, meistens als Gartenflüchtling verwildert, beliebte Schnittblume.
Giftige Pflanzenteile Alle Teile, besonders die Zwiebel.
Vergiftungserscheinungen Erbrechen, Durchfall, Schweißausbruch. Häufiger Kontakt mit Narzissenzwiebeln (bei Gärtnern und Floristen) kann zu starken Hautentzündungen führen.
Gefährlichkeitsgrad Giftig +
Hinweise für Eltern Keine Narzissenzwiebeln offen herumliegen lassen, Kinder könnten sie mit Speisezwiebeln verwechseln. Vergiftungen nach dem Lutschen von Narzissenstengeln sind ebenfalls bekannt.
Erste Hilfe Erbrechen auslösen, Arzt aufsuchen.

Weiße Narzisse – *Narcissus poeticus*
Der lateinische Name wird im Volksmund vielfach verändert: Zisserle, Nashissen, Marezisli.
Merkmale Ausdauernde Zwiebelpflanze, 20 – 45 cm hoch.
Blätter Meist vier, schmal, graugrün.
Blüten Einzelnstehend, weiß, duftend. Blütezeit: April – Mai.
Vorkommen Feuchte Bergwiesen, Abhänge, vielfach aus Gärten verwildert, beliebte Zierpflanze.
Giftige Pflanzenteile Alle Teile, besonders die Zwiebel.
Vergiftungserscheinungen Wie bei der gelben Narzisse, doch scheint die weiße Narzisse stärkere Wirkung zu besitzen.
Gefährlichkeitsgrad Giftig +

Die Narzissen, Frühlingsblumen der Gärten, sind manchmal auch in großen Beständen auf Bergwiesen zu finden. Trotz ihrer Beliebtheit ist Vorsicht am Platze. Die Pflanze enthält in allen Teilen, vor allem in den Zwiebeln, die mit Speisezwiebeln verwechselt werden können, giftige Inhaltsstoffe.

Foto: Hans Reinbard/OKAPIA

Oleander
Nerium oleander

Hundsgiftgewächse
Apocynaceae

Der Oleander oder Rosenlorbeer ist im Mittelmeerraum heimisch und seit Jahrhunderten bei uns als Kübelpflanze beliebt. Er kommt in verschiedenen Farbvarianten vor und enthält ein starkes Gift, das Weidetieren, aber auch Menschen gefährlich werden kann. So wird von einer schweren Vergiftung aus dem Jahre 1808 in Spanien berichtet, als zwölf französische Soldaten sich Fleisch brieten und dazu Spieße aus Oleanderholz verwendeten. Acht der Männer starben, vier erkrankten schwer. Auch als Abtreibungs- und Selbstmordmittel ist der Oleander seit altersher bekannt. In antiken Schriften wird auf seinen starken Giftgehalt mehrfach hingewiesen.

Merkmale Bis 5 m hoher Strauch oder Baum.
Blätter Immergrün, lederartig, schmal.
Blüten Groß, zu Rispen vereinigt, in weiß, hellrosa, dunkelrot, gestreift oder auch gefüllt. Blütezeit: Juli – September.
Früchte Schotenartige Balgkapseln mit zottigen Samen.
Vorkommen Im Mittelmeergebiet. Bei uns Topf- und Kübelpflanze, die im Winter frostgeschützt untergebracht wird.
Giftige Pflanzenteile Die ganze Pflanze.
Vergiftungserscheinungen Gefühllosigkeit von Mund, Zunge und Rachen. Übelkeit, Erbrechen, Krämpfe, verlangsamter Puls, blaue Lippen, Atemlähmung schon nach 2 – 3 Stunden. 8 – 10 Samen sollen für einen Erwachsenen tödlich sein.
Gefährlichkeitsgrad Stark giftig + +
Hinweise für Eltern Da der Oleander im engeren Wohnbereich, wie Balkon und Terrasse, seinen Platz hat, werden Kinder oft zum Spielen oder Verzehren von Blüten oder anderen Pflanzenteilen verlockt. Der bittere Geschmack des Strauchs und rasch einsetzendes Erbrechen verhindern meist schwere Vergiftungen.
Erste Hilfe Erbrechen auslösen, in eine Klinik oder zum Arzt bringen.

Der Oleander, ein Gewächs südlicher Zonen, ist wegen seiner dekorativen Blüten als Kübel-pflanze beliebt. Der starke Giftgehalt der Pflanze war schon in der Antike bekannt. Einige wenige Samen können für Erwachsene tödlich sein. Foto: Jürgen Vogt/OKAPIA

Pfaffenhütchen
Euonymus europaea

Spindelbaumgewächse
Celastraceae

So unterschiedlich die Phantasie der Menschen durch die auffälligen Früchte des Pfaffenhütchens angeregt wurde, so unterschiedlich sind auch die Volksnamen. Mancherorts sah man eine Ähnlichkeit mit dem Barett katholischer Priester: Paterkapl. Anderswo erinnerten die Früchte an Gebäck, Brezelholz oder an Hoden von Tieren: Hundshödli, Gockelkern. Als Lausbeeri wurden sie ihrer giftigen Inhaltsstoffe wegen gegen Ungeziefer gebraucht und die Bezeichnung Spindelstrauch geht auf die Verwendung des harten Holzes zur Anfertigung von Spindeln zurück. Originell ist der Name Rotkehlchenbrot; er weist darauf hin, daß diese Vogelart im Herbst gern vom Verzehr der Früchte lebt und sich das Revier eines Vogels häufig mit dem Vorhandensein von Pfaffenhütchensträuchern deckt.

Merkmale Bis 6 m hoher Strauch oder kleiner Baum.
Blätter Lanzettlich, bis 10 cm lang, oben sattgrün, unten bläulichgrün.
Blüten Gelblichgrün, klein und unscheinbar in den Blattachseln, Blütezeit: Mai – Juni.
Früchte Orangerote Samen in rosa bis karminroter, vierfächeriger Kapsel. Die Kapseln öffnen sich im August und zeigen die an Fäden hängenden, auffallend gefärbten Samen. Reifezeit: August - Oktober.
Vorkommen An Waldrändern, in Gebüschen. Zahlreiche Gartenformen.
Giftige Pflanzenteile Alle Teile, vor allem die frischen Früchte.
Vergiftungserscheinungen Beginn erst nach 12 – 18 Stunden. Übelkeit, Krämpfe, Temperaturanstieg, blutiger Durchfall, Leberschwellung und Nierenschädigung, Kollaps, Tod in Bewußtlosigkeit. 36 Früchte sollen für Erwachsene tödlich sein.
Gefährlichkeitsgrad Stark giftig + +
Hinweise für Eltern Wegen der ansprechenden Gestalt und der auffälligen Früchte wird das Pfaffenhütchen gern als Zier- und Vogelschutzgehölz in Gärten und Anlagen gepflanzt. Die ungewöhnliche Form der Früchte verleitet Kinder zum Spielen. Dabei können Pflanzenteile verschluckt werden. Im allgemeinen verursachen nur größere Mengen schwere Symptome, doch wird von einem bedrohlichen dreitägigen Vergiftungsverlauf bei einem 7jährigen Kind berichtet, das 2 Beeren gegessen hatte.
Erste Hilfe Erbrechen auslösen, in eine Klinik oder zum Arzt bringen.

Das Pfaffenhütchen, ein häufiger, ca. 6 m hoher Strauch, hat wegen der ungewöhnlichen Form und attraktiven Farbe seiner Früchte Einzug in viele Gärten gehalten. Die Pflanze enthält in allen Teilen, vor allem aber in den Früchten, stark giftige Wirkstoffe.

Foto: Fritz Hanneforth/OKAPIA

Purgier - Kreuzdorn
Rhamnus catharticus

Kreuzdorngewächse
Rhamnaceae

Die Verächtlichkeit des Hundes im früheren Sprachgebrauch wurde auch auf giftige oder giftverdächtige Pflanzen übertragen. So findet man für den Kreuzdorn vielerorts Namen wie Hundsbeer, Hundsbeerstauden, Hundsdornen. Die Bezeichnung Scheißkerschen geht auf die abführende Wirkung der Beeren zurück. Der Ausdruck Hexendorn dagegen erinnert an die mythische Bedeutung des Strauchs, der im germanischen Frühlingsritual bei der Abwehr von bösen Geistern eine große Rolle spielte.

Merkmale 3 – 8 m hoher Strauch oder kleiner Baum, dessen Zweige in Dornen auslaufen.
Blätter Gegenständig, elliptisch bis rundlich.
Blüten Klein, gelbgrün, angenehm duftend. Blütezeit: Mai – Juni.
Früchte Erbsengroß, anfangs grün, zur Reife schwarz. Reifezeit: August – Oktober.
Vorkommen Waldränder, lichte Wälder, Gebüsch.
Giftige Pflanzenteile Unreife Beeren und Rinde.
Vergiftungserscheinungen Übelkeit, Erbrechen, Durchfall, Nierenreizung.
Gefährlichkeitsgrad Giftig +
Hinweise für Eltern Der Kreuzdorn ist weniger in Gärten oder Parks als vielmehr an Waldrändern zu finden. Die unreifen Beeren werden von Kindern nicht selten gepflückt. Dabei ist es bei zwei Kleinkindern zu Todesfällen gekommen. Im allgemeinen und abhängig vom Alter der Kinder und der Menge der genossenen Früchte, treten nur leichtere Beschwerden auf. Einige Beeren werden meist symptomlos vertragen.
Erste Hilfe Nur nach Verzehr größerer Mengen Arzt aufsuchen.

An Waldrändern findet man häufig den Kreuzdorn, einen bis zu 8 m hohen Strauch, dessen Zweige in Dornen auslaufen. Er trägt im Herbst schwarze Beeren, die, in unreifem Zustand genossen, Vergiftungserscheinungen hervorrufen können. Foto: Dr. Eckart Pott/OKAPIA

Riesen-Bärenklau
Heracleum mantegazzianum

Doldengewächse
Apiaceae

Als Sommier im Jahre 1890 das Riesengewächs aus dem Kaukasus nach Europa brachte, ahnte er nicht, wie stark es sich dereinst ausbreiten und andere heimische Arten unterdrücken würde. Und dem Grafen Pocci, der die Pflanze ihres dekorativen Aussehens wegen an den Starnberger See holte, sind die Bauern um Ammerland, deren Wiesen und Weiden von dem »lästigen Unkraut« bedrängt werden, heute noch gram. Gärtner und Spaziergänger, die mit der Pflanze in Berührung kamen, mußten bisweilen böse Erfahrungen machen. Besonders der Saft, der beim Abbrechen von Stengeln und Blättern hervorquillt, kann auf der Haut, wenn sie zugleich dem Sonnenlicht ausgesetzt ist, schwere Entzündungen hervorrufen, die lange nicht heilen.

Merkmale Bis 3,5 m hohe Pflanze mit borstig behaartem Stengel.
Blätter Bis 1 m lang, borstig behaart.
Blüten Weiß, in bis 0,5 m großen Dolden. Blütezeit: Juni – September.
Vorkommen Zierpflanze in Gärten, sonst verwildert an Wald- und Wiesenrändern.
Giftige Pflanzenteile Die ganze Pflanze, vor allem der Saft.
Vergiftungserscheinungen Durch Berührung entsteht ein juckender Hautausschlag, der sich bei Sonneneinwirkung verstärkt. In Amerika warnen Toxikologen die Bevölkerung mit dem Slogan: »Keep away from that ›tree‹, folks.« »Leute, haltet euch von diesem ›Baum‹ fern.«
Gefährlichkeitsgrad Giftig +
Hinweise für Eltern Die Pflanze sollte nicht in Gärten gehalten und Kinder vor ihr gewarnt werden.
Erste Hilfe Bei stärkeren Beschwerden Arzt aufsuchen.

Der heimische Wiesen-Bärenklau – *Heracleum sphondylium*, kann bei gleichzeitiger Sonneneinstrahlung leichtere Hautentzündungen hervorrufen.

Der Riesen-Bärenklau, Gigant unter den Doldengewächsen, zu denen auch Petersilie und Schierling zählen, gilt als warnendes Beispiel dafür, wie sehr fremdländische Pflanzen sich in der heimischen Flora ausbreiten und sie verdrängen können. Das etwa 2 - 3 m hohe Gewächs enthält giftigen Saft, der starken Hautausschlag hervorrufen kann.
Foto: Christine Henle

Robinie, Scheinakazie
Robinia pseudoacacia

Schmetterlingsblütler
Fabaceae

Die Robinie war einer der ersten Bäume, die von Amerika nach Europa kamen. Ihren Namen hat sie nach Jean Robin, dem Hofgärtner Henri IV., der sie um 1600 in Paris pflanzte. Zuerst nannte man sie Akazie, aufgrund ihrer Ähnlichkeit mit diesen stubtropischen Bäumen und die Bezeichnung Falsche oder Wilde Akazie ist ihr bis heute geblieben. Inzwischen hat sie sich überall in Europa ausgebreitet und wird wegen ihres harten Holzes und der Widerstandsfähigkeit gegen Industrieabgase geschätzt.

Merkmale Bis 20 m hoher, dorniger Baum, mit dicker, tief längsrissiger Borke.
Blätter Unpaarig gefiedert, mit eiförmigen Fiederblättchen.
Blüten Weiß, in hängenden Trauben, duftend. Blütezeit: Mai – Juni.
Früchte Bohnenförmige Hülsen mit grünen bis braunen Samen. Reifezeit: Herbst – Winter.
Vorkommen Fast überall in Europa eingebürgert, häufiger Park- und Straßenbaum.
Giftige Pflanzenteile Die ganze Pflanze, besonders Rinde und Samen.
Vergiftungserscheinungen Erbrechen, Bauchschmerzen, Müdigkeit, Pupillenerweiterung, Krämpfe. Durch Einatmen des Holzstaubes beim Drechseln sowie durch Verzehr von Samen, Rinde oder der wie Süßholz schmeckenden Wurzeln sind Vergiftungen aufgetreten, einige davon mit tödlichem Ausgang.
Gefährlichkeitsgrad Stark giftig + +
Hinweise für Eltern Wie beim Goldregen, sind Kinder auch beim Spielen mit Robiniensamen gefährdet. Es gab Fälle, bei denen schon nach dem Verzehr von fünf Samen Vergiftungserscheinungen auftraten.
Erste Hilfe Erbrechen auslösen, Arzt aufsuchen.

Die Robinie, ein häufiger Straßenbaum von hohem Wuchs und feinblättrigem Laub, blüht von Mai bis Juni mit dekorativen, weißen, stark duftenden Blütentrauben. Im Herbst hängen lange, bohnenförmige Samenhülsen an den Zweigen. Obwohl der ganze Baum stark giftig ist, sind es vor allem die Samen, die, ähnlich wie die des Goldregens, Kindern beim Spielen gefährlich werden können.

Fotos: Hans Reinhard/OKAPIA; Naturbild Ag · Greulich/OKAPIA (unten)

Roßkastanie
Aesculus hippocastanum

Roßkastaniengewächse
Hippocastanaceae

Im Jahre 1576 wurde die Roßkastanie von Konstantinopel nach Wien gebracht und trat bald darauf ihren Siegeszug durch ganz Europa an. Sie erwies sich als winterhart, schnellwüchsig und anspruchslos und war zudem der größte Baum voll dekorativer Blütenkerzen. Ihre Früchte ähneln denen der echten Kastanie, und es wird erzählt, daß die Türken sie ihren Pferden als Hustenmittel verfütterten. Daher stammt auch die wissenschaftliche Bezeichnung hippocastanum, aus hippos = Pferd und kastanos = Kastanie. In Deutschland freilich drückt der Name Roßkastanie, wie auch die Volksnamen Wilde Kest, Säukesten oder Vexierkescht ihre Minderwertigkeit gegenüber der echten Kastanie aus, ebenso wie der Roßkümmel die sprachliche Abwertung gegenüber dem echten Kümmel ist.

Merkmale Über 30 m hoher Baum, mit gewölbter Krone und überhängenden Zweigen.
Blätter Groß, 5 – 7zählig gefingert, an langen Stielen.
Blüten Weiß, gelb- oder rotgefleckt, in reichblütigen aufrechten Rispen. Blütezeit: Mai.
Früchte Flachkugelige, glänzend-braune »Kastanien« in weichstacheligen, grünen Fruchtkapseln. Reifezeit: September – Oktober.
Vorkommen Fast überall in Europa angepflanzt, häufiger Allee- und Parkbaum.
Giftige Pflanzenteile Unreife Früchte und ihre grünen Samenschalen.
Vergiftungserscheinungen Magen- und Darmkatarrh, starker Durst, Unruhe, Sehstörungen, Bewußtseinstrübung.
Gefährlichkeitsgrad Wenig giftig (+)
Hinweise für Eltern Trotz des bitteren Geschmacks der Kastanien haben Kinder bisweilen davon gegessen und sich Vergiftungen zugezogen. Diese treten jedoch erst nach dem Verzehr größerer Mengen auf, da der giftige Wirkstoff, das Saponin, von der Magenschleimhaut nur schwer aufgenommen wird.
Erste Hilfe Meist nicht notwendig. Nach dem Verzehr größerer Mengen unreifer Früchte und dem Auftreten von Vergiftungserscheinungen in eine Klinik bringen.

Die Roßkastanie, ein geschätzter Straßen- und Parkbaum mit weißlichen oder rötlichen Blütenkerzen im Mai und den von Kindern geliebten „Früchten" im Herbst, ist nur leicht giftig. Die gefährlichen Wirkstoffe finden sich nur in unreifen Früchten und grünen Samenschalen. Trotzdem haben sich Kinder leichte Vergiftungen zugezogen. Foto: Wolfgang Weinhäupl/OKAPIA

Roter Fingerhut
Digitalis purpurea

Rachenblütler
Scrophulariaceae

Der Fingerhut, der starke Herzgifte enthält, ist zugleich eine der wichtigsten herzwirksamen Heilpflanzen. Allerdings ist die Spanne zwischen Heil- und Giftwirkung gering, so daß er als Volks- oder Hausmittel nicht geeignet ist. Die meisten Vergiftungen entstanden durch laienhaften Mißbrauch, während Morde wegen des widerlichen Geschmacks der Pflanze seltener vorkamen. Die Heilkraft des Fingerhuts war in der Antike nicht bekannt. Erst im 5. Jahrhundert wurde das »Elfenkraut«, so sein keltischer Name, in Irland gegen Wochenbettfieber gebraucht. Leonhart Fuchs schreibt noch 1543 in seinem Kräuterbuch: »Diß gewechß würdt von unsern Deutschen Fingerhut geheyssen/ist in summa ein schön lustig kraut/unangesehen das er noch in keinem brauch ist bey den ärtzten.« Erst dem englischen Arzt William Withering war es vorbehalten, 1775 die überragende Heilkraft der Pflanze zu entdecken, und es dauerte bis in unser Jahrhundert, ehe ihre Inhaltsstoffe vollständig analysiert waren. Die Bezeichnung Fingerhut leitet sich aus der Gestalt der Blumenkrone ab; auf die Giftigkeit weisen Volksnamen wie Teufelshut, giftige Tulpe oder Schlangenblume hin.

Merkmale 90 – 120 cm hohe, zweijährige Pflanze.
Blätter Eiförmig, gekerbter Rand, wechselständig.
Blüten 4 – 5 cm lang, rosa-dunkelpurpurn gefleckt, selten weiß, Blütezeit: Juni – Juli.
Früchte Grüne Kapseln mit kleinen Samen.
Vorkommen In Waldlichtungen, auf Schlägen vor allem der Mittelgebirge (kalkmeidend).
Giftige Pflanzenteile Alle Teile; 0,3 g getrocknete Blätter sind für Erwachsene giftig und 2 – 3 g wirken tödlich.
Vergiftungserscheinungen Übelkeit, Erbrechen, Herzrhythmusstörungen, Sehstörungen, Halluzinationen, Herzstillstand.
Gefährlichkeitsgrad Sehr stark giftig + + +
Hinweise für Eltern Der Rote Fingerhut, Zierpflanze unserer Gärten, stellt trotz seines abschreckend bitteren Geschmacks ein großes Risiko für Kinder dar. Nur der Umstand, daß bei Giftaufnahme meist rasches Erbrechen einsetzt, verhindert schwere Vergiftungen.
Erste Hilfe Zum Arzt oder in eine Klinik bringen.

Gelber Fingerhut - *Digitalis lutea*, eine 50 – 100 cm hohe, ausdauernde Pflanze mit hellgelben Blüten, enthält ebenfalls herzwirksame Glycoside. Vergiftungserscheinungen entsprechen denen des Roten Fingerhuts.

Der Rote Fingerhut, eine über 1 m hohe, zweijährige Pflanze, mit rosa bis purpurgefleckten Blüten, die als beliebtes Ziergewächs die Gärten schmückt, ist eine der herzwirksamsten Heilpflanzen und zugleich tödlich giftig. Alle Teile enthalten hochgiftige Stoffe; weniger als ein Gramm getrocknete Blätter wirken tödlich.

Foto: Hans Reinhard/OKAPIA

Rote Heckenkirsche
Lonicera xylosteum

Geißblattgewächse
Caprifoliaceae

Die Rote Heckenkirsche, deren saftige, fast glasartig durchscheinende Früchte roten Johannisbeeren ähneln, trägt in den einzelnen Dialektregionen recht unterschiedliche Namen. So heißt sie in Mecklenburg Fidelrum und in Kärnten Mausholz. Dort, wo man ihr Laub an Ziegen verfütterte, nannte man sie Geißenbrot. Aber am häufigsten sind Bezeichnungen, die den Giftgehalt der Beeren ausdrücken: Hundsbeer, Sprengbeer, Giftbeer und Teufelsrädli, weil die zwei nebeneinandersitzenden Beeren gleichsam ein Rädchen bilden. Der lateinische Name Lonicera geht auf den Frankfurter Botaniker und Stadtphysikus Adam Lonitzer zurück, der von 1528 bis 1586 lebte.

Merkmale 1 – 2 m hoher Strauch.
Blätter Breitelliptisch, oben dunkelgrün, unten heller.
Blüten Zu zweien in den Blattachseln, gelblich-weiß, Blütezeit: Mai – Juni.
Früchte Doppelbeere, glänzend kirschrot, Reifezeit: August – September.
Vorkommen Waldränder, Hecken, bisweilen in Anlagen gepflanzt.
Giftige Pflanzenteile Beeren.
Vergiftungserscheinungen Erbrechen, Gesichtsröte, Herzrhythmusstörungen, blutiger Durchfall, Krämpfe, Kollaps, Atemlähmung. Über den Giftgehalt gibt es widersprüchliche Angaben, mit starken Wirkungsschwankungen muß gerechnet werden.
Gefährlichkeitsgrad Giftig +
Hinweise für Eltern Die leuchtend-roten johannisbeerähnlichen Beeren sind im Sommer an vielen Waldrändern zu finden. Nicht selten wird der Strauch wegen seiner kleinen Wuchsform auch in städtischen Anlagen und an Kinderspielplätzen gepflanzt. Kinder kommen daher oft in Versuchung, die übrigens bitter schmeckenden Beeren zu kosten. Zwei Stück scheinen im allgemeinen symptomlos vertragen zu werden.
Erste Hilfe Bei Verzehr weniger Früchte nicht notwendig. Nach größeren Mengen Arzt aufsuchen.

Echtes Gartengeißblatt – *Lonicera caprifolium*, Schwarze Heckenkirsche – *Lonicera nigra* sowie Wald-Geißblatt – *Lonicera periclymenum* sind in der Giftwirkung der Roten Heckenkirsche ähnlich.

Wie schon der Name sagt, wächst die Rote Heckenkirsche vor allem im Gebüsch, wird wegen ihres kleinen Wuchses aber oft in Gärten und Anlagen gepflanzt. Im Herbst trägt sie glänzendrote Doppelbeeren, die mit ihrer glasartigen Durchsichtigkeit an Johannisbeeren erinnern. Sie enthalten giftige Stoffe und können, in größeren Mengen verzehrt, Vergiftungserscheinungen hervorrufen.

Foto: Werner Layer/OKAPIA

Rotbeerige Zaunrübe
Bryonia dioica

Kürbisgewächse
Cucurbitaceae

Schlangentraube nannte Dioskurides im 1. Jahrhundert n. Chr. die Zaunrübe und wies damit auf ihre starke Giftigkeit hin. In Deutschland wurden ihre rübenförmigen Wurzeln einst von Apothekern unter Bezeichnungen wie Faselrübe, Stickwurzel oder Hundskürbis bei Gicht, Wassersucht und als drastisches Abführmittel gebraucht. In manchen Gegenden nannte man sie Totenwurzel, und auch Leonhart Fuchs, der Kräuterdoktor, warnt 1543 vor ihrem Gift: »Die schwangern frawen sollen sich vor diser wurtzel hüten/denn sie tödtet die frucht im muterleib.«

Merkmale 2 – 3 m hohe Kletterpflanze, mit rübenförmiger Wurzel und scharfem Milchsaft.
Blätter Herzförmig, fünflappig.
Blüten Klein, gelblichweiß, in den Blattachseln. Blütezeit: Juni – Juli.
Früchte Scharlachrote Beeren, etwas größer als Erbsen, von scharfem Geschmack.
Reifezeit August – September.
Vorkommen An Zäunen, in Hecken und Gebüschen.
Giftige Pflanzenteile Die ganze Pflanze, besonders Beeren und Wurzeln. Nach dem Verzehr von 6 – 8 Beeren treten Vergiftungserscheinungen auf. 15 Beeren gelten für Kinder und 30 – 40 für Erwachsene als tödlich.
Vergiftungserscheinungen Bei Kontakt mit dem Milchsaft: Hautreizung mit Blasenbildung. Nach Verzehr von Pflanzenteilen: Übelkeit, Erbrechen, blutiger Durchfall, Krämpfe, Nierenreizung, zuletzt Tod durch Atemlähmung.
Gefährlichkeitsgrad Stark giftig + +
Hinweise für Eltern Wegen ihrer Giftigkeit sollte die Zaunrübe nicht in Gärten, dem Spielbereich von Kleinkindern, gehalten werden. Trotz ihres scharfen Geschmacks sind Vergiftungen, auch schwerer Art, vorgekommen.
Erste Hilfe Sofort in eine Klinik bringen.

Bisweilen findet man die schwarzbeerige Weiße Zaunrübe – *Bryonia alba*; sie ist in der Giftwirkung der Roten Zaunrübe vergleichbar.

Die Rotbeerige Zaunrübe, eine Kletterpflanze mit scharfem Milchsaft, ist meist nicht häufig zu finden. Bisweilen sieht man sie in Hecken und an Zäunen. Im Sommer hängt sie voller scharfschmeckender roter Beeren, die stark giftig sind.

Foto: Dr. Eckart Pott/OKAPIA

Scharfer Hahnenfuß
Ranunculus acris

Hahnenfußgewächse
Ranunculaceae

Die vogelfußartig zerteilten Blätter haben dem Hahnenfuß zu seinem Namen verholfen. In den meisten Dialekten des deutschen Sprachraums finden sich ähnliche Bezeichnungen: Hahnenpot, Hahnkramperl, Gickelhax'n, Hennapratzen. Auf die gelbe Farbe und den Glanz der Blüte weisen Namen wie Butterblume, Goldschüssele und Teuflaugen und auf den hautreizenden Saft der Pflanze Bezeichnungen wie Brennkraut und Giftblume.

Merkmale 30 – 70 cm hohe, ausdauernde Pflanze, mit aufrechtem, stark verzweigtem Stengel.
Blätter Handförmig, 5 – 7teilig.
Blüten: Goldgelb glänzend, Blütezeit: Mai – September.
Vorkommen Auf Wiesen und Weiden.
Giftige Pflanzenteile Die ganze Pflanze.
Vergiftungserscheinungen Der Saft der frischen Pflanze verursacht auf der Haut Rötung und Blasenbildung. Nach dem Verzehr treten Brennen im Mund, Magenschmerzen, Erbrechen, Durchfälle, Betäubung und Schwindel auf.
Gefährlichkeitsgrad Giftig +
Hinweise für Eltern Im Frühsommer sind die Wiesen oft mit Hahnenfußblüten übersät und Kinder pflücken gern große Sträuße davon. Dabei können Haut- und Schleimhautreizungen auftreten. Auch beim Lagern auf frischgemähten Badewiesen kann es zu Beschwerden kommen.
Erste Hilfe Nur nach dem Genuß größerer Mengen Arzt aufsuchen.

Alle anderen Hahnenfußarten enthalten ebenfalls scharfe, hautreizende Stoffe und sind in ihrer Giftwirkung wie der Scharfe Hahnenfuß zu beurteilen. Dies gilt besonders für den Gifthahnenfuß – *Ranunculus sceleratus*, den Brennenden Hahnenfuß – *Ranunculus flammula* und den Knolligen Hahnenfuß – *Ranunculus bulbosus*.

Bisweilen wächst der Hahnenfuß, eine kleine bis mittelhohe Pflanze, in großen Beständen auf Wiesen und Weiden und überzieht sie im Sommer mit einem goldgelben Blütenteppich. Diese Blumenfülle wirkt verlockend. Beim Pflücken aber kann es durch den frischen Pflanzensaft zu Hautreizungen kommen.

Foto: Hans Reinhard/OKAPIA

Schattenblume
Maianthemum bifolium

Liliengewächse
Liliaceae

Die Schattenblume blüht zur gleichen Zeit und an gleichen Standorten wie das Maiglöckchen und trägt zur Reifezeit ebenfalls rote Beeren. Der Volksmund nennt sie daher falsches Maibleaml, wilde Maiblume oder wilde Majerisli.

Merkmale 5 – 20 cm hoch, mit aufrechtem Stengel.
Blätter Meist zwei, eiförmig, bis 4,5 cm breit.
Blüten Weißlich, wohlriechend, aus 2 – 3 Dolden eine kleine Ähre bildend. Blütezeit: Mai.
Früchte Erbsengroße, kugelige, kirschrote Beeren.
Reifezeit Juli – August.
Vorkommen In schattigen Wäldern, Gebüschen, auf Bergwiesen, in Auen.
Giftige Pflanzenteile Alle Teile, besonders die Beeren.
Vergiftungserscheinungen Hautreizung, Übelkeit, Durchfall.
Gefährlichkeitsgrad Giftig +
Hinweise für Eltern Die Pflanze ist nur schwach giftig und zudem nicht allzu häufig zu finden. Schwere Vergiftungen sind daher kaum zu erwarten.
Erste Hilfe Nur bei größeren Mengen Erbrechen auslösen und Arzt aufsuchen.

Die Schattenblume ist ein Waldpflänzchen mit weißer Blütenrispe im Mai und roten, etwas marmorierten Beeren, das meist nicht häufig zu finden ist und an das Maiglöckchen erinnert. Im Gegensatz zu diesem sind Pflanze und Beeren nur schwach giftig und rufen erst in größeren Mengen Vergiftungserscheinungen hervor.

Foto: Naturbild Ag · Schacke/OKAPIA

Schlaf-Mohn
Papaver somniferum

Mohngewächse
Papaveraceae

Der Schlaf-Mohn ist eine uralte Arznei- und Ölpflanze und wird heute in vielen Ländern der Welt kultiviert. Der Milchsaft aus den Kapseln liefert das Opium, die giftfreien Samen werden zur Ölgewinnung verwendet. Die Pflanze war schon zu Homers Zeiten in Griechenland bekannt. Sie soll im 7. Jahrhundert nach Indien und Ost-Asien gelangt sein und sich im Mittelalter, vor allem in China, zu einem Volksgift entwickelt haben. In Deutschland wurde Opium in Form einer von Paracelsus (1494 – 1541) erfundenen, alkoholischen Tinktur, dem »Laudanum«, bekannt und bis in unser Jahrhundert verwendet. In seiner schmerzstillenden Wirkung wird Opium von keinem anderen Mittel übertroffen. Der Mißbrauch führt zum Zusammenbruch aller geistigen und moralischen Kräfte und letztlich zum körperlichen Verfall. Das Wort Mohn ist verwandt mit dem griechischen mecon und dem altslawischen mak, einer Form, der die alte bayerische Bezeichnung mag noch sehr nahesteht. Mancherorts heißt er Schlafblume, weil man aus den Kapseln einen Schlaf- und Beruhigungstee für kleine Kinder braute, der übrigens vielen von ihnen unbeabsichtgt das Leben kostete. Auch als Mord- und Selbstmordgift hat sich der Mohn in die Weltgeschichte eingeschrieben und bis in unsere Zeit sind tödliche Vergiftungen durch Mohnkapseltee aus der Drogenszene bekannt geworden.

Merkmale Einjährige, 30 – 150 cm hohe Pflanze mit weißem Milchsaft.
Blätter Länglich, gezähnt.
Blüten Violett bis weiß oder rot, am Grunde mit dunklerem Fleck, einzeln an langen Stengeln. Blütezeit: Juni – August.
Früchte Große Kapseln mit Streulöchern, enthalten viele kleine Samen. Reifezeit: Juli – September.
Vorkommen Asien, Orient, Mittelmeergebiet. Bei uns Zierpflanze, nur noch selten feldmäßig zur Mohnsamengewinnung angebaut.
Giftige Pflanzenteile Die ganze Pflanze, besonders die Kapseln, die Samen sind bis auf Spuren frei von Giftstoffen.
Vergiftungserscheinungen Erbrechen, narkoseähnliche Zustände mit Muskelerschlaffung, Atemschädigung, Pupillenverengung, Blaufärbung der Haut, zuletzt Atemlähmung.
Gefährlichkeitsgrad Stark giftig + +
Hinweise für Eltern Die Pflanze, die bisweilen als Unkraut in Gärten auftaucht, sollte dort keinesfalls geduldet werden.
Erste Hilfe Klinik oder Arzt aufsuchen.

Klatsch-Mohn – *Papaver rhoeas* und Orientalischer Mohn – *P. orientale* sowie andere Arten enthalten in der Regel nur geringe Mengen an Giftstoffen im Milchsaft. Doch sollen durch Klatsch-Mohn Vergiftungen vorgekommen sein.

Der Schlaf-Mohn, dem wir das Opium mit seinem Segen und Fluch für die Menschheit verdanken, wird in Europa zur Ölsamengewinnung angebaut und ist bisweilen verwildert in Gärten zu finden. Die einjährige, meist violettblühende Pflanze ist stark giftig. Vor allem der Verzehr ihrer im Spätsommer reifenden Kapseln hat zu Todesfällen geführt.

Foto: Naturbild Ag · G. Büttner/OKAPIA

Schneebeere
Symphoricarpos rivularis

Geißblattgewächse
Caprifoliaceae

Vor langer Zeit schon gelangte der Schneebeerstrauch aus seiner Heimat, dem westlichen Nordamerika, nach Europa und hielt seiner dekorativen weißen Beeren wegen Einzug in Parks und Gärten. Die Beschaffenheit der Früchte, deren widerstandsfähige Haut erst auf festen Druck hin platzend zerreißt, hat ihnen bei Kindern den Namen Knackbeeren oder Knallerbsen eingetragen.

Merkmale 1 – 2,5 m hoher Strauch mit rutenförmigen Zweigen.
Blätter Bläulich-dunkelgrün, elliptisch bis rundlich.
Blüten Klein, rosa. Blütezeit: Juni – September.
Früchte Weiße Beeren, mit festem Fleisch. Reifezeit: September – Winter.
Vorkommen Im westlichen Nordamerika; in Europa Zierstrauch in Gärten und Anlagen.
Giftige Pflanzenteile Beeren.
Vergiftungserscheinungen Äußerlich: Entzündung der Haut, innerlich: Reizung des Magen- und Darmkanals.
Gefährlichkeitsgrad Giftig +
Hinweise für Eltern Kinder spielen gern mit Schneebeeren, das knallende Geräusch beim Zerplatzen macht ihnen Freude. Dabei ist nicht auszuschließen, daß vom Fruchtfleisch gekostet wird. Sofern keine größeren Mengen verzehrt werden, ist dies unbedenklich. 3 – 4 Beeren verursachen meist keine Symptome.
Erste Hilfe Nur nach Verzehr größerer Mengen von Beeren und Auftreten von Vergiftungserscheinungen Arzt aufsuchen.

Die Schneebeere ist ein kleiner Zierstrauch in Gärten und Anlagen, mit dessen knackigen, weißen Beeren Kinder gern spielen. Die Früchte enthalten Giftstoffe, die Entzündungen hervorrufen können.

Foto: Naturbild Ag · Gecke/OKAPIA

Schneeglöckchen
Galanthus nivalis

Narzissengewächse
Amaryllidaceae

Das Schneeglöckchen, eine kleine Zwiebelpflanze mit schmalen Blättern, entfaltet seine glockenförmigen, weißen Blüten von Februar bis April. Man findet es oft in großen Beständen in Laubwäldern, Gebüschen und in Gärten. Es blüht schon zu Ende des Winters, wenn noch Schnee liegt, daher hat es seinen Namen. Auch die Bezeichnungen Schneetröpfle, Schneeguckerchen oder Schneekaterl erinnern an die frühe Blütezeit der Pflanze. In der Schweiz wird sie auch Amseleblümli genannt, nach der Amsel, dem Vogel des Frühlings.

Merkmale 10 – 30 cm hohe, ausdauernde Zwiebelpflanze.
Blätter Seegrün, schmal, bis 10 cm lang, zur Blütezeit kürzer als der Stengel.
Blüten Einzeln stehend, glockenförmig, nickend, weiß, an der Spitze der Blütenblätter mit grünem Fleck. Blütezeit: Februar – April.
Vorkommen In Laub- und Auenwäldern, Gebüschen, Obstgärten, Zierpflanze in Gärten, häufig verwildert.
Giftige Pflanzenteile Die ganze Pflanze.
Vergiftungserscheinungen Übelkeit, heftiges Erbrechen, Durchfall.
Gefährlichkeitsgrad Giftig +
Hinweise für Eltern Schneeglöckchenzwiebeln sollten nicht offen herumliegen, Kinder könnten sie mit Speisezwiebeln verwechseln.
Erste Hilfe Erbrechen lassen, evtl. Arzt aufsuchen.

Frühlingsknotenblume – *Leucojum vernum*
Die häufig mit den Schneeglöckchen verwechselte und an ähnlichen Standorten blühende Frühlingsknotenblume, auch Märzenbecher genannt, enthält in Zwiebeln und Blättern die gleichen Giftstoffe wie das Schneeglöckchen. Bei Vergiftungserscheinungen gelten die dort angeführten Hinweise.

Die früheste Blume des Jahres, das Schneeglöckchen, wächst oft scharenweise in Laubwäldern und alten Gärten. Zwar ist die Pflanze nicht sehr giftig, ihre Zwiebelchen aber sollte man dennoch nicht mit den kleinen Speisezwiebeln verwechseln. Foto: Hans Reinhard/OKAPIA

Schöllkraut
Chelidonium majus

Mohngewächse
Papaveraceae

»Das Schöllkraut überkompt bald blumen/ fast zu der zeit wann die schwalben kommen/ und weret sein blust den ganzen summer«, schreibt Leonhart Fuchs in seinem Pflanzenwerk. Die griechische Bezeichnung chelidonium, von chelidon = Schwalbe, wurde in Schöllkraut umgebildet. Es ist eines der verbreitetsten Unkräuter und seit altersher in der Nähe menschlicher Behausungen zu finden, wohl weil ihm große Heilkraft, besonders bei Augenleiden, zugeschrieben wurde. In der gelben Wurzel vermuteten die Alchimisten den »Stein der Weisen« und die Fähigkeit, Gold zu machen. Im Volk galt die Pflanze als sehr giftig: Giftkraut, Teufelskraut, Giftblume. Der orangegelbe Milchsaft wurde gegen Warzen und Geschwüre gebraucht. Daher stammen Namen wie Warzen- oder Krätzenkraut.

Merkmale 30 – 50 cm hohe, ausdauernde Pflanze, mit organgefarbenem Milchsaft.
Blätter Oben hellgrün, unten blaugrün, gefiedert.
Blüten Gelb, in lockeren Dolden, Blütezeit: Mai – September.
Früchte Schotenartige Kapseln mit schwarzen Samen. Reifezeit: Juni – Oktober.
Vorkommen Wegränder, Mauern, Zäune, Schuttplätze, Auwälder, Gebüsch.
Giftige Pflanzenteile Die ganze Pflanze, besonders der Milchsaft
Vergiftungserscheinungen Innerlich: Reizung der Verdauungswege, Lähmungen, Herzrhythmusstörungen, blutiger Durchfall, Tod im Kollaps. Bei Hautkontakt: Blasen, später Geschwüre.
Gefährlichkeitsgrad Stark giftig + +
Hinweise für Eltern Vergiftungen mit dem Schöllkraut sind sehr selten. Nach dem Verzehr geringer Pflanzenmengen dürften keine Vergiftungserscheinungen auftreten. Kontakt mit dem Milchsaft kann, vor allem wenn er ins Auge gelangt, zu starken Entzündungen führen.
Erste Hilfe Bei geringen Mengen nicht nötig. Nach großer Giftaufnahme in eine Klinik bringen. Wenn Milchsaft ins Auge gelangt, Augenarzt aufsuchen.

Das Schöllkraut, eine mittelhohe Pflanze, die an den unterschiedlichsten Standorten zu finden ist, schmückt sich im Sommer mit gelben Blüten und bringt im Herbst schotenartige Kapseln hervor. Ein besonderes Merkmal ist der orangerote Milchsaft, der, ebenso wie die ganze Pflanze, stark giftig ist.

Foto: Naturbild Ag · Schacke/OKAPIA

Schwarzer Nachtschatten
Solanum nigrum

Nachtschattengewächse
Solanaceae

Die Pflanze war ein altes Volksmittel gegen Beschwerden der Nacht. Sie sollte Alpdrücken, Drut oder Nachtmahr vertreiben und als »Mondscheinkraut« vor der Mondsucht bewahren. In vielen Gegenden wird sie nach ihren giftigen Eigenschaften benannt: Sautod, Hühnertod, Scheißgras oder Giftblume. Der Giftgehalt der Pflanze gab lange Zeit Rätsel auf. So konnten, vor allem in südlichen Ländern, große Mengen davon verzehrt werden, ohne daß Vergiftungserscheinungen auftraten. Dioskurides wie es schon im 1. Jahrhundert n. Chr. auf die Genießbarkeit der Beeren hin. Andererseits sind schwere Vergiftungen bei Mensch und Tier vorgekommen. Die Erklärung liegt darin, daß die Art über 20 teils giftige, teils ungiftige Varietäten hervorbringt, die sich äußerlich nicht voneinander unterscheiden.

Merkmale Einjährige, 10 – 50 cm hohe Pflanze, mit kantigem Stengel.
Blätter Breit-eiförmig, zugespitzt, dunkelgrün.
Blüten Weiß, mehrere zusammenstehend, Blütezeit: Juni – Oktober.
Früchte Glänzend-schwarze Beeren, Reifezeit: September – Oktober.
Vorkommen Häufig an Wegrändern, Schuttplätzen, Mais- und Kartoffeläckern.
Giftige Pflanzenteile Die ganze Pflanze.
Vergiftungserscheinungen Übelkeit, Erbrechen, erweiterte Pupillen, Schwindel, Nierenreizung, Krämpfe, zuletzt Atemlähmung.
Gefährlichkeitsgrad Stark giftig + +
Hinweise für Eltern Die Pflanze ist vor allem auf Äckern und an Feldrainen zu finden, und ihre kirschenartigen Früchte werden gern von Kindern gepflückt. Der Giftgehalt ist in den grünen, unreifen Beeren am höchsten. 6 – 10 Stück davon verursachen Vergiftungssymptome. Die reifen Beeren weisen geringere Giftkonzentrationen auf.
Erste Hilfe Erbrechen auslösen, Arzt aufsuchen.

Der einjährige, mittelhohe Schwarze Nachtschatten ist heute vor allem in Maisäckern zu fin-
den, und seine schwarzen, glänzenden Beeren lugen von September bis Oktober zwischen
den Stengeln hervor. Die ganze Pflanze ist stark giftig, besonders aber die unreifen Beeren.

Foto: Naturbild AG · Schacke/OKAPIA

Schwarze Nieswurz, Schneerose, Christrose
Helleborus niger

Hahnenfußgewächse
Ranunculaceae

Die Schwarze Nieswurz, eine etwa 30 cm hohe Pflanze der Gebirge, ist heute fast nur noch als Ziergewächs in Gärten zu finden. Ihre großen, weißen Blüten erscheinen je nach Witterung von Dezember bis April. Der Name Nieswurz bezieht sich auf die starke örtliche Reizwirkung der Pflanze, von der auch die Nasenschleimhäute betroffen werden. Pulverisierte Wurzeln waren deshalb Bestandteil des Schneeberger Schnupftabaks. Nach der frühen Blütezeit, manchmal schon zu Weihnachten, heißt sie auch Christwurz, Winterblume oder Schneerose. In der Pfalz nennt man sie Weinblume und beurteilt nach ihrem Blühen die Aussicht auf ein gutes Weinjahr. Namen wie Brand- oder Feuerwurzel weisen auf ihre Giftigkeit hin, die schon in der Antike bekannt war. So sollen delphische Truppen um 600 v. Chr. das Wasser des Flusses Pleistos mit großen Mengen Nieswurz vergiftet haben. Dadurch bezwangen sie, nach zehnjähriger Belagerung, die Stadt Krissa, die mit Delphi um die Gunst Apollos wetteiferte.

Merkmale 15 – 30 cm hoch, ausdauernd, kräftiger Wurzelstock, der einen bis mehrere Stengel treibt.
Blätter Etwa 25 cm lang, gestielt, lederartig, oberseits dunkelgrün, unterseits heller, fußförmig.
Blüten Weiß oder schwach rosa, 1 – 3 auf dickem, aufrechtem Stengel. Blütezeit: November – Dezember oder Februar – April.
Früchte Vielsamige Balgfrüchte.
Vorkommen In Buchenmischwäldern und Gebüschen. In den Alpen. Beliebte Gartenzierpflanze.
Giftige Pflanzenteile Die ganze Pflanze.
Vergiftungserscheinungen Speichelfluß, Übelkeit, Durchfall, Herzschwäche, Atemnot, zuletzt Tod durch Atemlähmung. Nach Verzehr von drei reifen Samenkapseln soll eine schwere Vergiftung vorgekommen sein.
Gefährlichkeitsgrad Sehr stark giftig + + +
Hinweise für Eltern Kinder pflücken besonders gern die ersten und letzten Blüten des Jahres. Da die Nieswurz nur noch selten in der freien Natur zu finden ist, sind Vergiftungen vor allem mit Gartenformen zu befürchten. Dies sollte bei der Pflanzung im Hausgarten bedacht werden.
Erste Hilfe Sofort Erbrechen auslösen, rasch zum Arzt oder in eine Klinik bringen.

Die Stinkende Nieswurz – *Helleborus foetidus* sowie die Grüne Nieswurz – *Helleborus viridis*, sind in der Giftwirkung der Schwarzen Nieswurz vergleichbar.

Wie schon der Name sagt, blüht die Christrose oder Schwarze Nieswurz mit weißen, dekora-
tiven Blüten in milderen Wintern schon zur Weihnachtszeit. Sie ist eine Pflanze bergiger
Regionen, aber auch ein beliebtes Ziergewächs der Gärten. Wie andere Vertreter der großen
Hahnenfußfamilie gehört sie zu den Giftpflanzen und enthält in allen Teilen tödlich wirkende
Giftstoffe.

Foto: Erich Geduldig · Naturbild/OKAPIA

Seidelbast, Kellerhals
Daphne mezereum

Seidelbastgewächse
Thymelaeaceae

Der Seidelbast war einst eine bedeutende Gift- und Heilpflanze. Man verwendete sein starkes Gift zur Vertilgung von Insekten, als ableitendes Mittel gegen Zahnweh oder rheumatische Schmerzen, und Bettler machten sich die stark hautreizende Wirkung zunutze, um mitleiderregende Wunden zu erzeugen. All dies drückt sich in den verschiedenen Volksnamen der Pflanze aus: Giftbäumli, Hühnertod, Zahnwehholz, Läusekraut. Der Name Seidelbast soll auf den Blütenbesuch der Bienen zurückgehen; Zeidler hieß früher der Imker. Auch übernatürliche Kräfte wurden der Pflanze zugeschrieben. So erzählt eine Sage aus dem Berner Oberland von einem Zwergenkind, das Bauern beim Heuen gefangen hatten, um ihm das Geheimnis des Seidelbasts zu entlocken. Da sei der alte Zwerg am Waldrand erschienen und habe gerufen: »Sie mögen dich ertränken/ Sie mögen dich erhenken/ Sie mögen dich erstechen/ Die Arm' und Bein' dir brechen/ Fürcht' weder ihre Macht noch List/ Doch sag nicht, wofür der Zyland ist.«

Merkmale Bis 1,5 m hoher Strauch.
Blätter Hellgrün, schmal, erscheinen erst nach den Blüten.
Blüten Rosa-purpurrot, angenehm, aber betäubend duftend,
Blütezeit: Februar – April.
Früchte Scharlachrote, erbsengroße, saftige Beeren mit braunem Kern. Reifezeit: Juli – August.
Vorkommen In Laub- und Mischwäldern, an Wegrändern, beliebter Zierstrauch in Gärten.
Giftige Pflanzenteile Alle Teile. Insbesondere Beeren, Rinde und Samen. 10 – 12 Beeren sind für Erwachsene tödlich.
Vergiftungserscheinungen Bei äußerlichem Kontakt: Hautentzündungen bis zum geschwürigen Zerfall. Nach dem Verzehr von Pflanzenteilen, meist Beeren, brennende Schmerzen im Mund, Schwellung der Mundschleimhaut, Schluckbeschwerden, starke Bauch- und Kopfschmerzen, Brechreiz, blutige Durchfälle, Krämpfe, Nierenschädigung, zuletzt Kreislaufkollaps.
Gefährlichkeitsgrad Sehr stark giftig + + +
Hinweise für Eltern Die duftenden, früh im Jahr erscheinenden Blüten und die leuchtend-roten, saftigen Früchte im Sommer wirken verlockend auf Kinder. Schon der Verzehr kleiner Teile von Rinde, Blatt, Blüte oder Frucht kann zu schweren Vergiftungserscheinungen führen. Kinder sollten frühzeitig die charakteristischen Merkmale des Strauchs kennenlernen, er sollte nicht als Ziergewächs im Garten gehalten werden.
Erste Hilfe Erbrechen auslösen, sofort in eine Klinik.

Sehr früh im Jahr schon verströmen die rosaroten Blüten des Seidelbasts, einem Kleinstrauch in Wäldern und Gärten, betäubenden Duft. Im Sommer reifen die scharlachroten, saftigen Beeren, die, wie die ganze Pflanze, hochgiftig sind und äußerlich wie innerlich zu schweren Verätzungen führen können. Fotos: Fritz Hanneforth/OKAPIA; Hans Reinhard/OKAPIA (unten)

Stechpalme, Stechhülse
Ilex aquifolium

Stechpalmengewächse
Aquifoliaceae

Die Stechpalme ist ein mythenumwobener Baum, der ein Alter von mehreren Jahrhunderten erreichen kann und dessen Name, ebenso wie die in manchen Gegenden gebräuchlichen Ausdrücke Stechholder und Walddistel auf die stachelbewehrten Blätter zurückzuführen ist. Eine andere uralte Bezeichnung ist Hülse; man findet sie in ähnlicher Form auch im Englischen und Französischen. Das immergrüne Laub wurde im katholischen Volksglauben als »Palmzweig Christi« verehrt und geweiht; am Haus angebracht sollte es Blitz und Unheil abwenden. In England dienen die glänzendgrünen Zweige mit den leuchtend roten Beeren als traditioneller Weihnachtsschmuck.

Merkmale Bis 10 m hoher Baum oder Strauch (meist jedoch niedriger).
Blätter Immergrün, lederartig, glänzend, am Rande wellig und dornig gezähnt.
Blüten Unscheinbar, weiß, von Mai – Juni.
Früchte Korallenrote, erbsengroße Beeren, die den Winter überdauern. Reifezeit: Herbst.
Vorkommen In Wäldern, an schattigen Waldrändern; Zier- und Heckenpflanze der Gärten.
Giftige Pflanzenteile Beeren und Blätter. Als tödliche Dosis für Erwachsene gelten 20 – 30 Beeren.
Vergiftungserscheinungen Übelkeit, Erbrechen, heftige Durchfälle, Lähmungen. Bei Kindern sind durch Verzehr von Beeren tödliche Magen-Darm-Entzündungen vorgekommen.
Gefährlichkeitsgrad Stark giftig + +
Hinweise für Eltern In vielen Gärten leuchten die roten Beeren den ganzen Winter aus dem immergrünen Laub und verlocken Kinder zum Probieren. So verzeichnen Giftinformationszentren alljährlich zahlreiche Fälle, in denen Kinder Beeren verzehrt hatten. Meist ist die Giftaufnahme jedoch gering und verursacht keine größeren Beschwerden.
Erste Hilfe Nach dem Verzehr weniger Beeren nicht nötig. Bei größeren Mengen Arzt oder Klinik aufsuchen.

Wie bei uns die Tanne, so dient in England die Stechpalme als festlicher Weihnachtsschmuck. Der kleine, schattenliebende Baum wird wegen seines glänzenden, immergrünen Laubes und der spät reifenden, korallenroten Beeren gern in Gärten angepflanzt. Blätter und Beeren, in größeren Mengen genossen, können tödlich wirken.

Foto: *Fritz Hanneforth/OKAPIA*

Tollkirsche
Atropa bella donna

Nachtschattengewächse
Solanaceae

Das Gift der Tollkirsche war schon im Altertum bekannt. So beschrieb der griechische Arzt Dioskurides die jeweilige Dosis des Beerensaftes, die nötig war, um entweder angenehme Phantasien zu erzeugen oder den Tod herbeizuführen. Als die Schotten unter König Duncan von den Dänen überfallen wurden, machten sie sich die Wirkung der häufig vorkommenden Pflanze zunutze und erwehrten sich ihrer Feinde durch List. Sie ließen ihn ein mit Tollkirschensaft versetztes, alkoholisches Getränk zukommen und töteten sie, als sie davon bewußtlos waren. Bis in unsere Tage wurden Tollkirschen zu kriminellen Zwecken verwendet. So fand 1931 in Bayern ein Mordprozeß gegen eine Bäuerin statt, die ihren Mann mit 13 Tollkirschen vergiftet hatte. In den Volksnamen Tollbeere, Teufelskirsche, Teufelsauge oder Wolfsbeer drückt sich ebenfalls die Giftigkeit der Pflanze aus. Der zweite Teil des wissenschaftlichen Namens, belladonna (ital.: schöne Frau), verweist auf die uralte kosmetische Verwendung des Tollkirschensaftes zur Pupillenerweiterung. In der Augenheilkunde wird der Wirkstoff, das Atropin, heute noch genutzt.

Merkmale Bis 1,5 m hohe, ausdauernde, krautige Pflanze mit aufrechtem, verästeltem Stengel.
Blätter Gepaart, so daß ein größeres und ein kleineres zusammenstehen, dunkelgrün, eiförmig.
Blüten Einzeln stehend, braunviolett, außen grünlich, glockig.
Blütezeit: Juni – August.
Früchte Kirschgroße, schwarzglänzende Beeren. Reifezeit: August – Oktober.
Vorkommen In Laubwäldern, auf Schlägen und an Waldrändern.
Giftige Pflanzenteile Die ganze Pflanze, vor allem die Beeren. Für Kinder sind 3 – 4 Beeren tödlich, für Erwachsene 10 – 20.
Vergiftungserscheinungen Gesichtsrötung, Trockenheit der Schleimhäute, Pulsbeschleunigung, Pupillenerweiterung, Unruhe, starke Erregung bis zu Tobsuchtsanfällen, Halluzinationen, Seh- und Sprechstörungen, stark erhöhte Temperatur, Krämpfe; bei schweren Vergiftungen Bewußtlosigkeit und Tod durch Atemlähmung.
Gefährlichkeitsgrad Sehr stark giftig + + +
Hinweise für Eltern Verlockendes Aussehen und große Ähnlichkeit mit Schwarzkirschen, angenehmer Geschmack und starke Giftigkeit der Beeren machen die Tollkirsche zu einer der gefährlichsten Giftpflanzen für Kinder. Bei Waldspaziergängen sollten sie daher frühzeitig das charakteristische Aussehen der Pflanze kennenlernen und vor dem Verzehr der Beeren dringend gewarnt werden.
Erste Hilfe Erbrechen auslösen, rasch ins Krankenhaus bringen.

Die Tollkirsche, eine seit alters her bekannte und oft mißbrauchte Giftpflanze von etwa 1 m Höhe, ist in Wäldern häufig zu finden. Im Herbst reifen ihre großen, schwarzglänzenden und überaus verlockenden, süßlich schmeckenden Beeren. Schon wenige davon wirken für ein Kind tödlich.

Foto: Hans Reinhard/OKAPIA

Vielblättrige Lupine
Lupinus polyphyllus

Schmetterlingsblütler
Fabaceae

Die Kultur der Lupinen, vor allem der weißen, reicht weit in ägyptische, griechische und römische Zeit zurück. Die eiweißreiche Pflanze wurde zur Gründüngung angebaut, aber nach Entbitterung auch als Viehfutter verwendet. Im 12. Jahrhundert hielten Lupinen als Zier- und Heilpflanzen Einzug in mitteleuropäische Gärten. Sie waren der Heiligen Hildegard von Bingen als Feigbohnen bekannt. Unter diesem Namen findet sich in einem Kräuterbuch aus dem Jahr 1696 ein originelles kosmetisches Rezept: »Das aus den Feigbohnen destillierte Wasser/ macht den hoffärtigen Weibern ein schön und lauteres Angesicht.« Später nannte man die Lupinen wegen der Bitterkeit der Samen auch Wolfsbohnen, und in der Schweiz sollten sie als »Mausbohnen« die lästigen Nager vertreiben. Die Bitterkeit der Pflanze und damit auch der Giftgehalt schwankt von Art zu Art beträchtlich und fehlt in manchen, durch Genzüchtung entstandenen Varietäten fast völlig.

Merkmale Bis 1,5 m hohe, ausdauernde Pflanze.
Blätter Fingerförmig geteilt, mit 10 – 15 Teilblättchen.
Blüten: In aufrechten Trauben, blau bis purpurn, Gartensorten in verschiedenen Farben. Blütezeit: Juni – August.
Früchte Ledrige Hülsen mit rundlichen Samen. Reifezeit: Juli – Oktober.
Vorkommen Heimat Nordamerika, in Europa häufig als Wildfutter gepflanzt und verwildert. Zierpflanze der Gärten.
Giftige Pflanzenteile Samen.
Vergiftungserscheinungen Speichelfluß, Erbrechen, Schluckbeschwerden, verlangsamter Puls, von den Beinen aufsteigende Lähmung bis zur Atemlähmung, bei erhaltenem Bewußtsein.
Gefährlichkeitsgrad Stark giftig + +
Hinweise für Eltern Die Hülsen der Gartenlupinen mit den Samen, die etwas an kleine Bohnen erinnern, könnten Kinder zum Verzehr verleiten. Mehr als zwei Hülsen rufen Vergiftungserscheinungen hervor.
Erste Hilfe Nach Verzehr von mehr als zwei Hülsen Erbrechen auslösen, Arzt aufsuchen.

Andere Lupinenarten, wie z.B. die Gelbe Lupine – *Lupinus luteus* enthalten die gleichen Wirkstoffe und sind bezüglich der Giftwirkung ähnlich zu beurteilen.

Die bunten Blütenkerzen der Lupine schmücken von Juni bis August manchen Garten. Ihre Samenhülsen sind wie die ganze Pflanze stark giftig und können von Kindern mit kleinen Bohnen verwechselt werden.

Foto: Christine Henle

Vielblütige Weißwurz
Polygonatum multiflorum

Liliengewächse
Liliaceae

Ihren Hauptnamen hat die Pflanze nach der weißen Wurzel, doch im Volk sind noch andere Bezeichnungen gebräuchlich. So sah man in den Stengelnarben Hühneraugen oder Siegelmerkmale und nannte die Pflanze Hühneraugenwurz und Salomonssiegel. Nach den giftigen Beeren heißt sie mancherorts Giftblume und Teufelsbeerli. Auf abergläubische Vorstellungen von der Zauberkraft der Weißwurz gegen »verneidete« Kühe und »verhexte« Milch, die sich nicht buttern ließ, beziehen sich Neidkraut oder Butterwurzel. Im Volksglauben genoß die Pflanze seit jeher großes Ansehen; sie war die geheimnisvolle »Springwurz«, die nur der Specht zu finden weiß und deren Besitzer sich alle Türen wie mit Zauberschlag öffnen.

Merkmale 30 – 40 cm hohe, ausdauernde Pflanze, mit weißlicher Wurzel und gebogenem Stengel.

Blätter Eiförmig, oben dunkelgrün, unten hellgrün, bis 15 cm lang.

Blüten Grünlichweiß, glockenförmig, hängend. Blütezeit: Mai – Juni.

Früchte Blauschwarz, bereift, kugelförmig, von widerlich süßlichem Geschmack.

Reifezeit Juli – Oktober.

Vorkommen In schattigen Wäldern, Gebüschen.

Giftige Pflanzenteile Vor allem die Beeren.

Vergiftungserscheinungen Übelkeit, Erbrechen, Durchfall, Herzrhythmusstörungen.

Gefährlichkeitsgrad Giftig +

Hinweise für Eltern Die Beeren mögen für Kinder verführerisch sein und an großgeratene Heidelbeeren erinnern, trotzdem sind Vergiftungen selten und kommen meist nur nach Verzehr größerer Mengen vor. Einige wenige Beeren sind ungefährlich.

Erste Hilfe Kaum erforderlich. Nach größerer Giftaufnahme Arzt aufsuchen.

Quirlblättrige Weißwurz – *Polygonatum verticillatum* sowie Wohlriechende Weißwurz, Salomonssiegel – *Polygonatum odoratum* sind in der Giftwirkung der Vielblütigen Weißwurz ähnlich.

Die »geheimnisvolle« Weißwurz, eine mittelhohe Pflanze der Wälder und Gebüsche, trägt im Vorsommer grünlichweiße Blütenglöckchen und im Spätsommer blauschwarz bereifte Beeren von widerlichem Geschmack. Sie enthalten Giftstoffe von geringer Wirksamkeit, so daß Vergiftungserscheinungen erst nach Verzehr größerer Mengen auftreten. Foto: Winfried Wisniewski/OKAPIA

Virginischer Tabak
Nicotiana tabacum

Nachtschattengewächse
Solanaceae

Der Tabak, ein Vertreter der großen Familie der Nachtschattengewächse, deren Arten mehr narkotisierende, berauschende und halluzinogene Wirkstoffe enthalten als andere, wurde von süd- und mittelamerikanischen Indianern schon seit alters her geraucht. Sie schätzten seine narkotische und das Hungergefühl unterdrückende Wirkung. Auch bei religiösen Handlungen und medizinischen Ritualen soll er eine Rolle gespielt haben. Im Jahre 1519 wurde er durch Gonzalo di Oviedo nach Europa gebracht und zunächst als Ziergewächs verwendet. Das Rauchen ist in Deutschland seit 1565 nachgewiesen. Obwohl es häufig mit schweren Strafen verfolgt wurde, gewann es bald viele Anhänger. Auch in München war es noch 1847 auf den Straßen und Plätzen rund um die Residenz und auf der Auer Dult verboten und erst ein Jahr später, nach der Revolution, gestattet. Die Pflanze enthält in allen Teilen ein sehr starkes Gift, wirksamer noch als das des Schierlings und ebenso stark wie Blausäure, das auch über die Haut aufgenommen werden kann. Ein Schmuggler, der sich Tabakblätter um den Hals gewickelt hatte, erlitt eine tödliche Vergiftung. Ein einziger Tropfen reinen Nikotins, wie es bisweilen zur Insektenbekämpfung verwendet wird, kann einen Menschen töten. Im Tabakrauch wirkt Nikotin anregend, doch die gesundheitlichen Schäden, die übermäßiger Nikotingenuß nach sich zieht, dürften allgemein bekannt sein.

Merkmale Einjährige, bis 3 m hohe Pflanze (Ziervarietäten sind kleiner).
Blätter Etwas gestielt, schmal, groß.
Blüten Rosa, glockig (Zierformen auch in gelb und karminrot). Blütezeit: Juni – September.
Vorkommen Angebaut auf Feldern oder in Gärten als Zierpflanze.
Giftige Pflanzenteile Alle Teile.
Vergiftungserscheinungen Brennen im Mund, Übelkeit, Erbrechen, Herzrasen, Zittern, Ohnmacht, zuletzt Atemlähmung.
Gefährlichkeitsgrad Sehr stark giftig + + +
Hinweise für Eltern Die Giftinformationsstellen registrieren alljährlich zahlreiche Anfragen besorgter Eltern, deren Kinder nicht genau bekannte Mengen von Zigaretten verzehrt haben. Kleinere Mengen, höchstens 1 cm einer Zigarette, sind meist unbedenklich. Auch beim Verzehr frischer Pflanzenteile können schwere Vergiftungen auftreten.
Das gleiche dürfte für den Ziertabak – *Nicotinia x sanderae*, Sanders-Tabak gelten, der in dunkelrot, gelb und rosa zunehmend als Sommerblüher in Gärten angepflanzt wird.
Erste Hilfe Viel trinken und erbrechen lassen, rascher Transport in eine Klinik.

Der Virginische Tabak, eine einjährige, bis 3 m hohe Pflanze, wird weltweit gewerbsmäßig zur Tabakwarenherstellung angebaut. Der Ziertabak hingegen, von gedrungenem Wuchs, mit dekorativen Blüten, findet als Sommerblüher in Gärten und Anlagen Verwendung. Die Pflanzen enthalten in allen Teilen Nikotin, ein hochwirksames Gift, ebenso stark wie Blausäure, das rasch zum Tode führen kann.

Foto: B + H Kunz/OKAPIA

Wasserschierling
Cicuta virosa

Doldengewächse
Apiaceae

Leonhart Fuchs schreibt 1543 in seinem Kräuterbuch über den Wasserschierling: »Den stinkenden Wüterich nent man auch Wutzerling oder schlecht Schierling, dann er gantz schedlich ist und tödtlich, so man ihn esset, und derhalben für einen echten Wüterich und Tyrannen geachtet würt.« Die Pflanze hat viele Volksnamen, die sich aus dem Wort Wut ableiten und sich auf die schrecklichen Vergiftungserscheinungen beziehen, die der Wasserschierling hervorruft. Er enthält eines der stärksten Pflanzengifte Mitteleuropas. In Norddeutschland war seine Ausrottung früher behördlich vorgeschrieben. Morde und Selbstmorde wurden mit der Pflanze verübt, und es kam zu zahlreichen Todesfällen durch Verwechseln mit eßbaren Gemüseknollen.

Merkmale Etwa 1 – 1,5 m hoch, ausdauernd, knollenartiger, gekammerter Wurzelstock.
Blätter Grasgrün, die unteren langgestielt, 2 – 3fach gefiedert, unterseits deutlich geädert, obere Laubblätter kurzgestielt.
Blüten Gestielte Dolden, weiß. Blütezeit: Juli – September.
Vorkommen In schlammigen Gräben, an Teich-, Fluß- und Seeufern, in Sümpfen.
Giftige Pflanzenteile Die ganze Pflanze, besonders Stengel und Wurzeln.
Vergiftungserscheinungen Das Krampfgift Cicutoxin wirkt lähmend auf das Großhirn. Schon der Verzehr von kleinen Wurzelstückchen führt nach etwa $1/2$ – 1 Stunde zu brennenden Schmerzen im Mund, heftigem Erbrechen, schwersten Krampfanfällen, die sich bis zur Erschöpfung wiederholen, Kopf- und Magenschmerzen, Atemnot, zuletzt Atemlähmung. Das Erleiden dieser furchtbaren Qualen nannte man früher »Schierlingshölle«.
Gefährlichkeitsgrad Sehr stark giftig + + +
Hinweise für Eltern: Es vergiften sich häufig Kinder, die an Gewässern mit ausgerissenen oder angeschwemmten Schierlingsknollen spielen und davon essen. In München ereigneten sich dadurch vor Jahrzehnten mehrere Todesfälle. Die Pflanze hat, wie alle Doldengewächse, große Ähnlichkeit mit Petersilie und kann auch so auf Kinder verlockend wirken.
Erste Hilfe Erbrechen auslösen. Sofort in eine Klinik bringen.

Der Wasserschierling, auch Wüterich genannt, enthält eines der stärksten Pflanzengifte, das unter großen Qualen tötet. Die etwa 1 m hohe Pflanze wächst vorwiegend an Ufern von Gewässern und kann in ihren oberirdischen Teilen mit Petersilie und Kümmel ebenso verwechselt werden wie ihre Wurzeln mit Sellerie und Pastinak. Tödliche Vergiftungen waren früher nicht selten.

Foto: Hans Reinhard/OKAPIA

Weißer Germer
Veratrum album

Liliengewächse
Liliaceae

Der Germer gehört zu den schon im Altertum bekannten Giftpflanzen. Plinius nannte ihn Weiße Nieswurz, da er ähnlich giftige und auch niesreizerzeugende Eigenschaften besitzt wie die Schwarze Nieswurz. Unter diesem Namen war er im Mittelalter allgemein bekannt. Nicht selten wurde Mißbrauch mit der Pflanze getrieben, so daß Hieronymus Bock 1498 klagt: »Etliche lantstreicher geben Nieswurz den leuten zu allerhand presten in leib/ wer nun nicht wil gewarnt sein, der far hin, eß und trinck immer Nieswurz.« Im Volk wurde der Germer zur Ungezieferbekämpfung verwendet, daher seine Namen Lauskraut, Chäferwurzel oder Schwabenwurz. Durch unkundige Kräutersammler, die den Wurzelstock der Pflanze mit dem des Gelben Enzians verwechseln und Schnaps daraus brennen, kommen auch heute noch schwere Vergiftungen, vor allem in Österreich, zustande.

Merkmale 50 – 150 cm hohe Pflanze, mit beblättertem, aufrechtem Stengel.
Blätter Groß, breit-eiförmig, wechselständig.
Blüten Weiß-gelblichgrün, in 30 – 60 cm langem Blütenstand.
Blütezeit: Juni – August.
Früchte Kleine Kapseln mit Samen.
Vorkommen In bergigen Regionen, auf feuchten Wiesen und Weiden.
Giftige Pflanzenteile Die ganze Pflanze; 1 – 2 g der Wurzel sind tödlich.
Vergiftungserscheinungen Nach wenigen Minuten kommt es zu Brennen in Mund und Rachen, dann Taubheitsgefühl, das sich über die ganze Körperhaut ausdehnt, Erbrechen, heftige Durchfälle, Kältegefühl, Atemstörungen bei bis zuletzt erhaltenem Bewußtsein. Tod manchmal schon nach drei Stunden.
Gefährlichkeitsgrad Stark giftig + +
Hinweise für Eltern Da die Pflanze vor allem in bergigen Regionen wächst, kommen Kinder kaum mit ihr in Berührung. Ein 13jähriger Junge, der Germerblätter als »Tabak« geraucht hatte, erlitt eine Vergiftung.
Erste Hilfe Sofort erbrechen lassen, rasch in eine Klinik bringen.

Der Weiße Germer, bis 1,5 m hoch, mit langen, weißlichgrünen Blütenständen, ist eine typische Pflanze bergiger Regionen. Sie enthält in allen Teilen hochgiftige Substanzen. Wenige Gramm der Wurzel wirken tödlich. Foto: Hans Reinhard/OKAPIA

Wolfsmilch
Euphorbia

Die Gattung Wolfsmilch ist mit fast 700 Arten über die ganze Erde verbreitet. Sie zeigt große Formenvielfalt, von hohen Urwaldbäumen über kakteenartige, bis zu unscheinbaren, einjährigen Pflanzen. Alle Wolfsmilcharten gehören zu den scharfen Giftpflanzen und führen giftigen weißen Milchsaft, der bei jeder Verletzung aus allen Teilen hervorquillt. Seit alters her wurden sie in vielen Kulturen als Fisch- und Pfeilgift verwendet. Auch in unserem Gebiet gibt es zahlreiche Arten, deren Volksnamen sich meistens auf den giftigen Milchsaft beziehen: Teufelsmilch, Hexenmilch oder auf die Verwendung des Safts gegen Warzen: Krätzenbleaml, Warzenkraut.

Zypressen-Wolfsmilch – *Euphorbia cyparissias*
Wolfsmilchgewächse – *Euphorbiaceae*

Die Zypressen-Wolfsmilch, eine kleine, hellgrüne Pflanze auf trockenen, mageren Böden, formt im Frühjahr eine Scheinblüte aus rötlich überlaufenden Blättern. Sie führt scharfen, ätzenden Milchsaft. Plinius soll die Pflanze nach ihren zypressenähnlichen Blättern benannt haben, und Leonhart Fuchs warnt in seinem Kräuterbuch von 1543, sie innerlich als Heilmittel zu verwenden: »... es ist aber vil besser man braucht diese kräuter/ allein äußerlich/ dieweil sie etzen und brennen.«

Merkmale 15 – 50 cm hohe, ausdauernde, milchsaftenthaltende Pflanze.
Blätter Oben sattgrün, unten seegrün, schmal.
Blüten Aus Blättern zusammengesetzte Trugdolde, gelb, später rötlich. Blütezeit: April – Mai.
Vorkommen Trockene, magere Böden, Wegränder, Gebüsche, lichte Wälder.
Giftige Pflanzenteile Alle Teile, die Milchsaft enthalten.
Vergiftungserscheinungen Bei Hautkontakt: Reizung bis Blasen- und Geschwürbildung. Im Auge: starke Binde- und Hornhautentzündung. Nach Verzehr von Pflanzenteilen: Magenschmerzen, blutiger Durchfall, Delirien, in schweren Fällen kann der Tod nach 1 – 3 Tagen eintreten. Schon geringe Mengen des Milchsafts, in den Mund gebracht, können starkes Brennen und Nesselsucht im Gesicht auslösen.
Gefährlichkeitsgrad Stark giftig + +
Hinweise für Eltern Wenn Kinder mit wildwachsenden oder in Gärten gezogenen Wolfsmilcharten spielen, kann es durch den erheblich fließenden Milchsaft zu Entzündungen kommen. Gelangen Spritzer in die Augen, können schwere Hornhautschäden bis hin zur Erblindung entstehen. Vorsorglich sollten kleine Kinder vor allen milchsaftführenden Pflanzen gewarnt werden.
Erste Hilfe Nach äußerlichem Kontakt mit dem Milchsaft Haut sofort reinigen. Wenn Milchsaft ins Auge gerät, sofort ausspülen, Augenarzt aufsuchen. Nach Verzehr von Pflanzenteilen, wegen des brennenden Geschmacks meist gering, Arzt aufsuchen.

Alle heimischen Wolfsmilcharten sind ähnlich giftig.

Die Zypressen-Wolfsmilch enthält, wie alle anderen Vertreter ihrer großen Familie, scharfen, giftigen Milchsaft, der innerlich wie äußerlich verätzend wirkt und nicht ins Auge gelangen sollte. Die Pflanze ist von zartem Wuchs, oft rötlich überlaufen und wächst auf trockenen Böden.

Foto: Roland Günter/OKAPIA

Wunderbaum
Ricinus communis

Wolfsmilchgewächse
Euphorbiaceae

»Wunderbaum ist er genannt worden der ursachen halben/ das er in einer kurtzen zeit wunderbarlich also hoch über sich scheußt/ das ein baum gleich würt. Zeckenkörner darumb/ das sein sam so er aufspringt den hundszecken ganz gleich ist«, schreibt Leonhart Fuchs in seinem Kräuterbuch 1543 über die Pflanze und bezieht sich dabei auf das lateinische Wort ricinus, das Zecke bedeutet. Der Wunderbaum ist eine uralte Ölpflanze tropischer Länder. Man fand seine Samen in 4000 Jahre alten ägyptischen Gräbern; in Indien ist er als Symbol der Zerbrechlichkeit in Sprichwörter eingegangen. Auch heute noch wird die Pflanze in warmen Ländern zur Gewinnung des für medizinische und technische Zwecke benötigten Ricinus- oder Castoröls kultiviert. Die Samen des Wunderbaumes enthalten hochgiftige Stoffe, die zu schwersten Vergiftungen, auch mit Todesfolge, führen und bis in unsere Tage zu Mordzwecken verwendet wurden.

Merkmale In Mitteleuropa bis 1 – 4 m hoch, nicht winterhart. In den Tropen etwa 13 m hoher Baum.
Blätter Groß, handförmig.
Blüten Rötlich, in endständigen Rispen.
Früchte Kugelige, stachelige oder glatte Kapseln, mit 3 bräunlich marmorierten, bohnenartigen Samen.
Vorkommen Bei uns als Zierpflanze in Töpfen oder im Freiland kultiviert.
Giftige Pflanzenteile Samen. Tödliche Dosis für Kinder 5 – 6, für Erwachsene 10 – 20 Stück. Ausnahmsweise wirkte schon ein Same für einen Erwachsenen und ein Kind tödlich. Die häufigen und schweren Vergiftungen durch die Samen beruhen auf mehreren Faktoren – dem ansprechenden Äußeren und dem angeblich nußartigen Geschmack der Früchte und dem hohen Giftgehalt und der Widerstandsfähigkeit des Giftes gegenüber abbauenden Wirkstoffen im Magen- und Darmtrakt.
Vergiftungserscheinungen Übelkeit, blutiges Erbrechen, Durchfall, Nierenentzündung, Gelbsucht und Harnvergiftung, zuletzt Kreislaufkollaps.
Gefährlichkeitsgrad Sehr stark giftig + + +
Hinweise für Eltern Die Samen sind äußerst giftig. Wo Ricinus noch in öffentlichen Anlagen gehalten wird, sollten Kinder rechtzeitig informiert und eindringlich gewarnt werden.
Erste Hilfe Sofort in eine Klinik bringen.

Es grenzt in der Tat ans Wunderbare, daß ein so imposantes Gewächs wie der Wunderbaum sich in wenigen Monaten aus einem Samen entwickelt. Über 2 m hoch, schmückt die Pflanze mit großen, handförmigen Blättern und rötlichen Rispen bisweilen Gärten und Anlagen. Ihr Anbau ist allerdings nicht ungefährlich, enthält sie doch in den verlockenden, nußartig schmeckenden Samen ein ungemein starkes Gift, das unter schwersten Vergiftungserscheinungen zum Tode führen kann.

Foto: Naturbild Ag · Heyer/OKAPIA

Zur Bestimmung einer Pflanze können Angaben über die Farbe der Beeren in reifem Zustand hilfreich sein. Halbreife Früchte sind bisweilen anders gefärbt (z. B. wolliger Schneeball), unreife Beeren sind grün.

Pflanzen mit roten Beeren
Aronstab – *Arum maculatum*
Bittersüßer Nachtschatten – *Solanum dulcamara*
Eberesche – *Sorbus aucuparia*
Eibe – *Taxus baccata*
Gemeiner Schneeball – *Viburnum opulus*
Maiglöckchen – *Convallaria majalis*
Pfaffenhütchen – *Euonymus europaea*
Rote Heckenkirsche – *Lonicera xylosteum*
Rote Zaunrübe – *Bryonia dioica*
Seidelbast – *Daphne mezereum*
Schattenblume – *Maianthemum bifolium*
Stechpalme – *Ilex aquifolium*
Trauben-Holunder – *Sambucus racemosa*
Wald-Geißblatt – *Lonicera periclymenum*

In halbreifem Zustand sind Beeren des Wolligen Schneeballs - *Viburnum lantana*, sowie die des Faulbaums - *Frangula alnus*, rot, die der Lorbeerkirsche - *Prunus laurocerasus*, purpurn gefärbt.

Pflanzen mit schwarzen Beeren, einschließlich rötlich- und bläulichschwarz
Attich, Zwergholunder – *Sambucus ebulus*
Christophskraut – *Actaea spicata*
Efeu – *Hedera helix*
Einbeere – *Paris quadrifolia*
Faulbaum – *Frangula alnus*, (halbreif rot)
Kreuzdorn – *Rhamnus cathartica*
Liguster – *Ligustrum vulgare*
Lorbeerkirsche – *Prunus laurocerasus* (halbreif purpurn)
Schwarze Heckenkirsche – *Lonicera nigra*
Schwarzer Holunder – *Sambucus nigra*
Schwarzer Nachtschatten – *Solanum nigrum*
Tollkirsche – *Atropa bella donna*
Vielblütige Weißwurz – *Polygonatum multiflorum*
Weiße Zaunrübe – *Bryonia alba*
Wolliger Schneeball – *Viburnum lantana* (halbreif rot)

Pflanzen mit weißen Früchten
Schneebeere – *Symphoricarpos rivularus*

Pflanzen mit grünen Beeren
Kartoffel – *Solanum tuberosum*

Standorte von Giftpflanzen

1. **Wald, Waldränder, Gebüsche**
2. **Gärten und Parks**
3. **Wegränder**
4. **Wiesen**
5. **Äcker**
6. **Schuttplätze**
7. **Ufer**
8. **Gebirge**
9. **Straßen**
10. **Mauern und Bäume**
11. **Kübel und Töpfe**

Nr. 1. Giftpflanzen im Wald, an Waldrändern und in Gebüschen

Aronstab
Attich, auch Standort Nr. 3
Bittersüßer Nachtschatten, auch Standort Nr. 3 und 7
Buchsbaum, auch Standort Nr. 2
Busch-Windröschen, auch Standort Nr. 4
Christophskraut
Efeu, auch an Standort Nr. 2 und Nr. 10
Eibe, auch Standort Nr. 2
Einbeere
Faulbaum
Färber-Ginster, auch Standort Nr. 3 und 4
Gefleckter Schierling, auch Standort Nr. 3 und 6
Gemeiner Schneeball
Hundspetersilie, auch Standort Nr. 2 und 5
Kreuzdorn
Liguster, auch Standort Nr. 2
Maiglöckchen, auch Standort Nr. 2
Narzisse, auch Standort Nr. 2 und 8
Pfaffenhütchen, auch Standort Nr. 2

Riesen-Bärenklau, auch Standort Nr. 2 und 4
Roter Fingerhut, auch Standort Nr. 2 und 8
Rote Heckenkirsche, auch Standort Nr. 2
Rote Zaunrübe, auch Standort Nr. 2
Schattenblume, auch Standort Nr. 8
Schneeglöckchen, auch Standort Nr. 2
Schöllkraut, auch Standort Nr. 2, 3, 6, 10
Schwarze Nieswurz, auch Standort Nr. 2 und 8
Seidelbast, auch Standort Nr. 2 und 3
Stechpalme, auch Standort Nr. 2
Tollkirsche
Vielblütige Weißwurz
Zypressen-Wolfsmilch, auch Standort Nr. 3

Nr. 2.   Giftpflanzen in Gärten und Parks
Buchsbaum, auch Standort Nr. 1
Christophskraut, auch Standort Nr. 1
Efeu, auch Standort Nr. 1 und 10
Eibe, auch Standort Nr. 1
Eisenhut, auch Nr. 8
Eberesche, auch Nr. 9
Feuer-Bohne
Gemeiner Stechapfel, auch Standort Nr. 3 und 6
Goldregen
Hundspetersilie, auch Nr. 1 und 5
Liguster, auch Nr. 1
Lorbeerkirsche
Maiglöckchen, auch Nr. 1
Narzisse, auch Nr. 1 und 8
Pfaffenhütchen, auch Standort Nr. 1
Riesen-Bärenklau, auch Nr. 1 und 4
Robinie, auch Nr. 9
Roßkastanie, auch Nr. 9
Rote Heckenkirsche, auch Nr. 1
Rote Zaunrübe, auch Nr. 1
Roter Fingerhut, auch Standort Nr. 1 und 8
Schlaf-Mohn, auch Nr. 5
Schneebeere
Schneeglöckchen, auch Nr. 1
Schöllkraut, auch Standort Nr. 1, 3, 6 und 10
Schwarze Nieswurz, auch Standort Nr. 1 und 8
Seidelbast, auch Standort Nr. 1 und 3
Stechpalme, auch Standort Nr. 1
Vielblättrige Lupine, auch Standort Nr. 5

Virginischer Tabak, auch Standort Nr. 5
Wunderbaum, auch Standort Nr. 11

Nr. 3.   Giftpflanzen an Wegrändern
Attich, auch Standort Nr. 1
Bilsenkraut, auch Standort Nr. 6
Bittersüßer Nachtschatten, auch Standort Nr. 1 und 7
Färber-Ginster, auch Standort Nr. 1 und 4
Gefleckter Schierling, auch Standort Nr. 1 und 6
Gemeiner Stechapfel, auch Standort Nr. 2 und 6
Schöllkraut, auch Standort Nr. 1, 2, 6, 10
Schwarzer Nachtschatten, auch Standort Nr. 5 und 6
Seidelbast, auch Standort Nr. 1 und 2
Zypressen-Wolfsmilch, auch Standort Nr. 1

Nr. 4.   Giftpflanzen auf Wiesen
Busch-Windröschen, auch Standort Nr. 1
Färber-Ginster, auch Standort Nr. 1 und 3
Herbst-Zeitlose
Riesen-Bärenklau, auch Standort Nr. 1 und 2
Scharfer Hahnenfuß
Weißer Germer, auch Standort Nr. 8

Nr. 5.   Giftpflanzen auf Äckern
Hundspetersilie, auch Standort Nr. 1 und 2
Kartoffel
Schlaf-Mohn, auch Standort Nr. 2
Schwarzer Nachtschatten, auch Standort Nr. 3 und 6
Vielblättrige Lupine, auch Standort Nr. 2
Virginischer Tabak, auch Standort Nr. 2

Nr. 6.   Giftpflanzen auf Schuttplätzen
Bilsenkraut, auch Standort Nr. 3
Gefleckter Schierling, auch Standort Nr. 1 und 3
Gemeiner Stechapfel, auch Standort Nr. 2 und 3
Schöllkraut, auch Standort Nr. 1, 2, 3, 10
Schwarzer Nachtschatten, auch Standort Nr. 3 und 5

Nr. 7.   Giftpflanzen an Ufern
Bittersüßer Nachtschatten, auch Standort Nr. 1 und 3
Schwarzer Nachtschatten, auch Standort Nr. 3, 5, 6
Wasserschierling

Nr. 8.   Giftpflanzen im Gebirge

Eisenhut, auch Standort Nr. 2
Narzisse, auch Standort Nr. 1 und 2
Roter Fingerhut, auch Standort Nr. 1 und 2
Schattenblume, auch Standort Nr. 1
Schwarze Nieswurz, auch Standort Nr. 1 und 2
Weißer Germer, auch Standort Nr. 4

Nr. 9.   Giftpflanzen an Straßen

Eberesche, auch Standort Nr. 2
Robinie, auch Standort Nr. 2
Roßkastanie, auch Standort Nr. 2

Nr. 10. Giftpflanzen an Mauern und Bäumen

Efeu, auch Standort Nr. 1 und 2
Schöllkraut, auch Standort Nr. 1, 2, 3, 6

Nr. 11. Giftpflanzen in Kübeln und Töpfen

Baumstechapfel
Oleander
Wunderbaum, auch Standort Nr. 2

Giftige Zimmerpflanzen

Neben den Pflanzen in Garten und Park, in Feld und Flur, sind auch die Zimmerpflanzen von Bedeutung für den Menschen, kommt doch der Städter vor allem mit ihnen in Berührung. Durch ihren Formenreichtum erfreuen sie sich wachsender Beliebtheit und bilden für Kleinkinder einen verlockenden, leicht erreichbaren Teil ihrer Umwelt. Dabei ist zu berücksichtigen, daß der Giftgehalt in züchterisch bearbeiteten Arten oft beträchtlich schwanken kann. Ferner kommen Jahr für Jahr neue Pflanzen, meist ohne jeden Hinweis auf ihre Gefährlichkeit, auf den Markt. Wer mit Zimmerpflanzen umgeht, sollte ihnen daher stets mit einer gewissen Vorsicht begegnen.

Azalee – *Rhododendron simsii* – Heidekrautgewächse.
Giftige Pflanzenteile: Die ganze Pflanze.
Die Giftigkeit der einzelnen Zuchtformen ist unterschiedlich hoch.

Belladonnalilie – *Amaryllis belladonna* – Narzissengewächse.
2 – 3 g der Zwiebel wirken tödlich.

Dieffenbachie – *Dieffenbachia* – Aronstabgewächse.
Die Pflanze ist durch ihre Anpassungsfähigkeit an zentralgeheizte Räume stark in Mode gekommen. Nach Ansicht einiger Toxikologen sollte sie ihrer Gefährlichkeit wegen aus dem Handel genommen werden. Der Saft der Pflanze, der schon bei leichtem Druck aus sogenannten Schießzellen herausgeschleudert wird, ist stark hautreizend. Ins Auge gebracht, führt er zu Verätzungen; an Schleimhäuten zu Rötung und Schwellung. Beim Kauen von Blättern kann es zu starken Schluckbeschwerden, bis zum Verlust der Sprache für mehrere Tage kommen. In Westindien, der Heimat der Dieffenbachie, gab man ihr deshalb den Namen Schweigrohr. Während der Sklavenzeit soll sie bisweilen dazu benutzt worden sein, unliebsame Zeugen für einige Zeit zum Schweigen zu bringen.
Giftige Pflanzenteile: Die ganze Pflanze.

Kolbenfaden – *Aglaonema commutatum* – Aronstabgewächse.
Die Pflanze ist in der Giftwirkung dem heimischen Aronstab ähnlich.

Kroton – *Codiaceum variegatum* – Wolfsmilchgewächse.
Giftige Pflanzenteile: Blätter und Samen.
Hauptwirkstoff: Der Pflanzensaft.

Madagaskar-Immergrün – *Catharanthus roseus* – Hundsgiftgewächse.
Giftige Pflanzenteile: Besonders die Wurzeln.

Ruhmeskrone, **Prachtlilie** – *Gloriosa superba* – Liliengewächse.
Giftig sind hauptsächlich die Knollen.
Vergiftungserscheinungen: Ähnlich denen der Herbstzeitlose.

Wüstenrose – *Adenium obesum* – Hundsgiftgewächse.
Die Pflanze führt stark giftigen Milchsaft!

Sofortmaßnahmen bei Vergiftungen

Um Schädigungen unseres Organismus durch Einwirkung giftiger Pflanzen so gering wie möglich zu halten, ist es wichtig, daß so früh wie irgend möglich sinnvolle Gegenmaßnahmen eingeleitet werden. Jede verlorene Minute kann möglicherweise zu lebensbedrohenden Situationen führen bzw. die Gesundheit des Betroffenen auch dann noch für lange Zeit belasten, wenn die akuten Vergiftungserscheinungen längst abgeklungen sind.

Zunächst einmal geht es jedoch darum, zu erkennen, daß überhaupt eine Vergiftung vorliegt. Durch vielerlei Symptome signalisiert der menschliche Körper uns, daß er sich gegen eine Intoxikation - so der medizinische Fachausdruck - zu wehren beginnt.

* Übelkeit, Magendruck und Brechreiz sind fast stets zu beobachten. Sie können sowohl spontan als auch erst Stunden nach der Vergiftung mit Pflanzen auftreten.

* Auch über Sehstörungen und Schwindel klagen die meisten Betroffenen. Der durch Vergiftungen ausgelöste Schwindel ist fast immer auch dann noch vorhanden, wenn der Patient seine Augen schließt.

* Tasten Sie den Puls am Handgelenk! Abweichungen vom Normalwert sind so gut wie immer zu beobachten, und zwar sowohl im Sinne einer Erhöhung als auch einer Verlangsamung. Auch kann es zu Rhythmusstörungen kommen, das heißt, der Abstand zwischen den einzelnen Pulsschlägen ist von unterschiedlicher Zeitdauer.

* Die Körpertemperatur kann erhöht sein. Prüfen Sie durch eine Messung, am besten unter der Zunge, nach, ob es deutliche Abweichungen vom Normalwert gibt, der bei ca. 36,8 Grad liegt.

* Atemnot, begleitet von Herzbeschwerden und Angstzustände, sind weitere Symptome, die auf eine Vergiftung hinweisen können, desweiteren auch Gliederschwere bis hin zu Lähmungen.

* Bei extrem schweren Vergiftungszuständen kann der Patient auch phantasieren bzw. bewußtlos werden.

Da der medizinische Laie in der Regel nicht entscheiden kann, ob es sich nun tatsächlich um eine Vergiftung handelt oder nicht, sollte umgehend ein Arzt hinzugezogen werden. Sofern zweifelsfrei mit einer Vergiftung zu rechnen ist, wie etwa nach dem Genuß von Pilzen, bringen Sie den Erkrankten am besten gleich selbst direkt in das nächstliegende Krankenhaus, um Zeitverluste zu vermeiden.

Im übrigen sind folgende Sofortmaßnahmen auf jeden Fall sinnvoll:

* Den Patienten hinlegen, mit einer Decke zudecken und das Fenster öffnen. Keine Hektik entwickeln! Für Ruhe im Zimmer sorgen.

* Sofern vor allem Beschwerden im Magenbereich bestehen, bereiten Sie dem Erkrankten eine Tasse Tee aus Salbei und Kamille zu. Sehr gut wirkt auch eine Tasse kaltes Wasser mit einem gehäuften Teelöffel voll Salz. Das Gemisch gut verrühren. Der Betroffene sollte es dann auf einmal hinuntertrinken. VORSICHT: Bewußtlosen und Kleinkindern auf keinen Fall etwas zum Trinken geben. Sie könnten sich verschlucken und ersticken.

* Den Patienten bis zum Eintreffen des Arztes ständig beobachten, Brechschale bereithalten. Den Kopf mit der Hand hochhalten, falls er sich erbricht. Erbrochenes für die spätere Untersuchung in der Klinik aufheben.

* Erbricht ein Bewußtloser von selbst, legt man ihn so, daß der Kopf nach unten hängt (Bauchlage!). Auch ist es sinnvoll, die Zunge so weit wie möglich nach vorn zu ziehen (ein Taschentuch benutzen).

* Überlegen Sie sich bis zum Eintreffen des Arztes, was der Erkrankte in den letzten 24 Stunden an Speisen und Getränken zu sich genommen hat bzw. mit welchen Giftpflanzen er möglicherweise in Kontakt gekommen ist.

Informationszentren für Vergiftungsfälle in der Bundesrepublik Deutschland

In folgende Krankenanstalten und Kliniken bestehen offizielle Informationszentren für Vergiftungsfälle. Diese Zentren geben Tag und Nacht telefonisch Auskunft.

Zentren mit durchgehendem 24-Stunden-Dienst

Berlin   Universitätsklinikum Rudolf Virchow, Standort Charlottenburg
Reanimationszentrum; Spandauer Damm 130, 14050 Berlin
Tel.: (030) 3035-3466/3035-2215/3035-3436; Zentrale (030) 3035-0

Berlin   Beratungsstelle für Vergiftungserscheinungen und Embryonaltoxikologie
Pulsstraße 3-7, 14059 Berlin
Tel.: (030) 3023022; Telefax : (030) 34307021

Berlin   Institut für Arzneimittelwesen (IFAR) – Zentraler Toxikologischer Auskunftsdienst; Große Seestraße 4, 13086 Berlin
Tel.: (030) 9669418/9653353

Bonn   Informationszentrale gegen Vergiftungen
Universitätskinderklinik und Poliklinik; Adenauerallee 119, 53113 Bonn
Tel.: (0228) 2873211/2873333; Telex: 8869546 klbod; Telefax: (0228) 2873314

Braunschweig   Städtisches Klinikum; Medizinische Klinik II
Salzdahlumer Straße 90, 38126 Braunschweig
Tel.: (0531) 62290

Bremen   Kliniken der Freien Hansestadt Bremen-Zentralkrankenhaus
Klinikum für Innere Medizin – Intensivstation; St. Jürgen Str., 28205 Bremen
Tel.: (0421) 4975268/4973688

Erfurt   Giftnotruf Erfurt; Gemeinsames Giftinformationszentrum der Länder Mecklenburg-Vorpommern, Sachsen, Sachsen-Anhalt und Thüringen
Nordhäuser Straße 74, 99089 Erfurt
Tel.: (0361) 730730; Zentrale (0361) 7307311; Telefax:(0361) 7307317

Freiburg   Informationszentrale für Vergiftungen; Universitäts-Kinderklinik
Mathildenstraße 1, 79106 Freiburg
Tel.: (0761) 2704361; Pforte (0761) 2704300/01; Telefax: (0761) 2704457

Göttingen   Universitäts-Kinderklinik und -Polikinik,
Zentrum 12; Robert-Koch-Straße 40, 37075 Göttingen
Tel.: (0551) 39-6989/39-6210; Zentrale: (0551) 390; Telefax: (0551)396252

Hamburg   Giftinformationszentrale Hamburg, 1. Medizinische Abteilung des Krankenhauses Barmbek; Rübenkamp 148, 22291 Hamburg
Tel.: (040) 6385-3345/3346; Zentrale (040) 6385-1; Telefax: (040) 6385-2173

Homburg/Saar   Beratungsstelle für Vergiftungsfälle im Kindesalter
Universitätskinderklinik im Landeskrankenhaus

Tel.: Zentrale (06841) 160; Durchwahl (06841) 162257/162846

Kassel   Untersuchungs- u. Beratungsstelle für Vergiftungen – Labor Dres. med. M. Hess, G. Schonard, K. Kruse; Karthäuserstraße3, 34117 Kassel
  Tel.: (0561) 9188-320; Telefax: (0561) 9188-299

Kiel   Zentralstelle zur Beratung bei Vergiftungsunfällen an der I. Medizinischen Universitätsklinik Kiel; Schittenhelmstraße 12, 24105 Kiel
  Tel.: (0431) 5974268; Zentrale (0431) 5970; Telefax: (0431) 5971302

Koblenz   Städtisches Krankenhaus, Kemperhof Koblenz, I. Medizinische Klinik,Entgiftungszentrale; Koblenzer Straße 115, 56073 Koblenz
  Tel.: (0261) 4992111

Leipzig   Toxikologischer Auskunftsdienst; Härtelstraße 16-18
  Tel.: (0341) 311916

Ludwigshafen   Vergiftunginformationszentrale, Medizinische Klinik C, Klinikum der Stadt Ludwigshafen am Rhein; Bremserstraße 79, 67063 Ludwigshafen
  Tel.: (0621) 503-431; Zentrale (0621) 503-0; Durchwahl (0621)503431

Mainz   Klinische Toxikologie- Giftinformation – II. Medizinische Klinik und Poliklinik – Johannes-Gutenberg-Universität; Langenbeckstraße 1, 55131 Mainz
  Tel.: (06131) 232466; Zentrale (06131) 171

Mönchengladbach   Toxikologische Untersuchungsstelle, Gemeinschaftspraxis für Labormedizin – Dr.rer. nat. Th. Stein, Dr. med. H. Kehren, Dr. med B. Beckers, Dr. rer. nat. Dr. med. D. Siepen, Prof. Dr. med. W. Storch
  Wallstraße 10, 41061 Mönchengladbach
  Tel.: Zentrale (02161) 81940; Telefax: (02161) 819450

München   Giftnotruf München – Toxikologische Abteilung der II. Medizinischen Klinik rechts der Isar der Technischen Universität München
  Ismaningerstraße 22, 81675 München
  Tel.: (089) 4140-2211; Telex: 524404 klire d; Telefax: (089) 4140-2467

Münster   Behandlungsstelle für Vergiftungserscheinungen (kein 24-Stunden-Dienst, Anfragen werden weiter geleitet) – Medizinische Univ. Klinik B
  und Poliklinik; Albert- Schweitzer-Straße 33
  Tel.: (0251) 836245/836188; Zentrale (0251) 831

Nürnberg   II. Medizinische Klinik – Klinikum Nürnberg, Toxikologische Intensivstation, Giftinformationszentrale; Flurstraße 17, 90419 Nürnberg
  Tel.: (0911) 3982451; Zentrale (0911) 3980; Telefax: (0911) 398 2451

Papenburg/Ems   Marienhospital-Kinderklinik; Hauptkanal rechts 75
  Tel.: (04961) 83-301; Zentrale (04961) 83-0

Mobile Gegengift-Depots

München   Toxikologische Abteilung der II Medizinischen Klinik rechts der Isar der TU; Ismaninger Straße 22, 81675 München
  Tel.: (089) 41402211 oder über Berufsfeuerwehr München (innerhalb des Ortsnetzes) 112; Telex: 524404 klire d; Telefax: (089) 4140-2467

Oberhausen   Berufsfeuerwehr; Brücktorstraße 30, 46047 Oberhausen
  Tel.: (0208) 8585-1 oder Notruf(innerhalb des Ortsnetzes) 112

Schwandorf   Freiwillige Feuerwehr; Eltmannsdorfer Straße 30 a, 92421 Schwandorf
  Tel.: (09431) 4440

Giftpflanzen als Allergieauslöser

Wir alle wissen es aus Zeitungsberichten sowie aus Rundfunk und Fernsehsendungen: Immer mehr Menschen werden von Allergien geplagt, die in besonders schweren Fällen sogar zum Tode durch Schock führen können.

Was ist eine Allergie überhaupt? Aus dem täglichen Sprachgebrauch kennen wir alle die Redewendung: »Nun reagiere doch nicht gleich so allergisch!« Wir meinen damit, daß unser Gesprächspartner auf Grund einer an sich eher harmlosen Bemerkung doch nicht gleich übertrieben aufbrausen, also »allergisch« reagieren sollte. Seine Reaktionsweise steht also in einem krassen Mißverhältnis zum eigentlichen Anlaß. Anders ausgedrückt: Kleine Ursache, große Wirkung!

Derartiges kann nun nicht nur auf der seelischen, sondern auch auf der körperlichen Ebene ablaufen. Unser Organismus wird mit winzigsten Partikeln einer bestimmten Substanz konfrontiert, meist handelt es sich dabei um bestimmte Eiweißverbindungen, die der Mediziner Allergene nennt. Anstatt nun diese »Eindringlinge«, die vor allem über die Atemwege aber auch über die Haut in unseren Körper gelangen können, unschädlich zu machen und wieder auszuscheiden, spielt unser Organismus in mehr oder weniger dramatischer Weise »verrückt«. Es kommt zu Schwellungen, Rötungen, Ausschlägen, Atemnot oder Durchfällen, um nur einige wenige Symptome eines allergischen Geschehens anzuführen. Man könnte sagen: Unser Körper neigt zur Intoleranz, weil er nicht in der Lage ist, auf eine eher geringfügige Herausforderung auch entsprechend »vernünftig« und angemessen zu antworten.

Interessant ist in diesem Zusammenhang, daß Allergiker fast ausnahmslos Menschen sind, die auch seelisch leicht irritierbar, also aus dem Gleichgewicht zu bringen sind. Ihre psychischen Verhaltensmuster finden demnach eine Entsprechung in den körperlichen Reaktionen. So kann man allen Allergikern generell den Rat geben, langfristig etwas für die Stabilisierung ihres seelischen Gleichgewichts zu tun. Generell müssen sie lernen, ruhiger und gelassener auf Umweltreize aller Art zu reagieren. Autogenes Training etwa, oder bei schweren Allergikern auch weiterreichende psychotherapeutische Maßnahmen, können eine medikamentöse Behandlung wirksam unterstützen oder sogar überflüssig machen.

Zu den häufigsten allergischen Erkrankungen, die auch durch Giftpflanzen ausgelöst werden können, zählen Asthma, Ekzeme, Magen-Darm-Störungen und vor allem der weitverbreitete Heuschnupfen. Letzterer wird fast immer durch das Einatmen von Blütenpollen auch ungiftiger Pflanzen verursacht. Grundsätzlich können wir zwei Formen der Allergieauslösung unterscheiden. Da gibt es zunächst die Kontaktallergie, bei der die Erkrankungen durch den Kontakt unserer Haut bzw. der Schleimhäute in den Atemwegen mit dem eingangs erwähnten Allergen über die Nahrung zugeführt wird, so daß die allergische Raktion dann vor allem im Magen-Darmbereich ausgelöst wird, was sich in der Regel durch Verdauungsstörungen, Übelkeit, Erbrechen und auch Durchfälle ausdrückt. Übrigens sollte man Durchfälle, sofern sie nur kurzfristig bestehen, nicht gleich mit einem der vielen angebotenen Mittel stoppen; denn sie stellen grundsätzlich eine biologisch sinnvolle Reaktion unseres Körpers dar, der auf diese Weise die unerwünschten Substanzen möglichst schnell wieder ausscheiden will.

Kontaktallergien mit heimischen Giftpflanzen, die wir uns ja auch zur Zierde unserer Vorgärten und Wohnstuben reichlich halten, sind besonders häufig; denn wer achtet schon gewissenhaft darauf, draußen in der Natur, im Garten oder in der Fensterbank möglichst jeden Kontakt mit Pflanzen zu vermeiden? Oft ist uns die Gefährlichkeit einer schönen Blume, eines blühenden Strauches, auch gar nicht bekannt, bis wir schließlich eine erste unangenehme Erfahrung machen müssen. Wer also von sich weiß, daß er generell zu Allergien neigt, der sollte die Berührung von Pflanzen möglichst stets meiden. Allerdings ist es so, daß besonders sensible Menschen schon dann reagieren, wenn sie nur in der Nähe einer bestimmten Pflanze stehen. Ohne daß es zum direkten Kontakt gekommen ist, beginnt sich die Haut des Betreffenden oftmals spontan zu röten und ein heftiger Juckreiz tritt auf. Da sich letzten Endes kein Mensch völlig von der ihn umgebenden Natur isolieren kann und sicherlich auch nicht will, kann die Lösung dieses Dilemmas nicht darin bestehen, daß wir versuchen, allen Pflanzen aus dem Wege zu gehen, was uns ohnehin nicht gelingt. Sinnvoller dagegen ist es, sich einem Allergietest zu unterziehen und eine sogenannte Desensibilisierung durchführen zu lassen. Durch letztere Maßnahme werden dem Körper Substanzen, meist in Form von Injektionen, zugeführt, die seine Allergiebereitschaft deutlich herabsetzen bzw. völlig normalisieren können. Gerade in jüngster Zeit hat die Medizin auf diesem Gebiet große Fortschritte gemacht. Wie erwähnt, kann die Allergieauslösung auch über den Magen-Darm-Trakt erfolgen, vor allem bei kleinen Kindern, die ja nun mal dazu neigen, alles in den Mund zu stecken. Sie sollten daher genau darüber informiert sein, welche Ihrer Haus- und Gartenpflanzen gefährlich sind, wobei Ihnen dieses Buch sicherlich eine wertvolle Hilfe ist. Gegebenenfalls müssen Sie, bis Ihr Nachwuchs älter und vernünftiger geworden ist, auf die eine oder andere Zierpflanze vorübergehend verzichten.

Im übrigen sei darauf hingewiesen, daß auch Pflanzen, die nicht als giftig eingestuft werden müssen, für die Auslösung von Allergien durchaus in Frage kommen können. Ein besonders eindrucksvolles Beispiel dafür ist ja die Brennessel, die sogar zu den Heilpflanzen zu zählen ist: Schon ein kurzfristiger Kontakt mit ihr löst auf unserer Haut eine allergische Raktion aus. Freilich klingen die auftretenden Symptome, wie Brennreiz und Jucken, meist schnell wieder ab, so daß es nur in sehr seltenen Fällen zu länger dauernden Beschwerden kommt.

Als letztes Beispiel soll in diesem Zusammenhang auf die Erdbeere hingewiesen werden. Auch sie ist keineswegs giftig. Trotzdem kann ihr Genuß zu sehr unangenehmen Hautallergien führen, die über den Magen-Darm-Trakt ausgelöst werden.

Pollenallergie

Heuschnupfen – Heuasthma

In der Bundesrepublik Deutschland leiden etwa 6 Millionen Menschen an Heuschnupfen und/oder Heuasthma.

Heuschnupfen und Heuasthma werden durch den Blütenstaub (Pollen) von Bäumen, Sträuchern, Wildkräutern, Gräsern und Getreide ausgelöst. Urheber sind die Befruchtungszellen der Pflanzen, die bei der Berührung mit der menschlichen Schleimhaut ihren Zellinhalt entleeren. Oft sind es nicht nur Pollen einer, sondern verschiedener Pflanzen, die bei Betroffenen allergische Reaktionen hervorrufen.

Ursachen und Beschwerden

Patienten mit Pollenallergie reagieren überempfindlich auf die aus den Pollen freigesetzten Substanzen und bilden gegen diese für Nichtallergiker harmlosen Stoffe (Allergene) Gegenstoffe (spezielle IgE-Antikörper). Beim Zusammentreffen der Allergene mit diesen Antikörpern an den Augen, in der Nase und in den Bronchien kann es zu einer Reizung der Schleimhäute mit folgenden Beschwerden kommen:

Augentränen	Husten
Augenjucken	Atemnot
Augenschwellung	Kopfschmerzen
Niesreiz	Schlafstörungen
Fließschnupfen	Fieber
verstopfte Nase	Abgeschlagenheit

Die erbliche Veranlagung zum Heuschnupfen/Heuasthma spielt eine entscheidende Rolle. Das Risiko zu erkranken, ist vor allem dann besonders groß, wenn Vater und Mutter unter allergischen Reaktionen leiden; das Risiko der Kinder, auch eine Allergie zu bekommen, liegt dann um 60 %.

Erkennung

Für jeden Pollenallergiker ist es wichtig zu wissen, auf welche Pollen er überempfindlich reagiert. Baum-, Kräuter- und Gräserpollen, wozu auch Getreide wie der Roggen gehört, haben die größte Bedeutung.

Der Pollenallergiker sollte daher den spezialisierten Arzt in Praxis oder Krankenhaus aufsuchen, um sich dort testen zu lassen. Zur Erkennung einer Pollenallergie werden Haut- und Provokationstests durchgeführt. Dabei werden dem Betroffenen mittels Ritzung der Haut oder durch Einstich in die oberste Hautschicht verdünnte Pollenallergenextrakte zugeführt. Bis zu 20 Minuten später entwickelt sich eine mückensticharige Quaddel mit Rötung, wenn gegen den eingebrachten Extrakt eine Allergie besteht. Die Haut- und Provokationstests können durch serologische Tests (RAST), bei denen Antikörper gegen die Allergene im Blut nachgewiesen werden, ergänzt werden.

Pollenflug

Da die Pollen bis zu 500 km weit fliegen können, hat der Allergiker kaum eine Chance, seinen krankheitsauslösenden Allergenen zu entkommen. Eine einzige Roggenähre produziert über 4 Millionen Pollen und schon wenige Pollen in einem Kubikmeter Luft reichen aus, allergische Reaktionen auszulösen.
Der Pollenflug beginnt gegen 3.00 Uhr bis 5.00 Uhr morgens. Über ländlichen Gebieten herrscht morgens und tagsüber hoher Pollengehalt; in Großstädten werden häufig erst abends Höchstwerte gemessen. Dementsprechend treten auch die Beschwerden auf.

Stiftung Deutscher Polleninformationsdienst

Auf Initiative des Ärzteverbandes Deutscher Allergologen und des Allergiker- und Asthmatikerbundes hin wurde im Jahre 1983 die Stiftung Deutscher Polleninformationsdienst gegründet. Vorstandsmitglieder des Ärzteverbandes Deutscher Allergologen und des Allergiker- und Asthmatikerbundes bilden mit einem Vertreter des Deutschen Wetterdienstes den ehrenamtlichen Vorstand.
In der gesamten Bundesrepublik Deutschland wurde ein Netz von über 45 Pollenfallen aufgebaut, mit dessen Hilfe in jedem Bundesland der individuelle Pollenflug ermittelt wird. Durch die vom Deutschen Wetterdienst beigefügte Wetterprognose wird eine Vorhersage des in den nächsten Tagen zu erwartenden Pollenflugs erstellt.

Die Pollenflugvorhersage bietet folgende Möglichkeiten:
* Bei zunehmender allergener Belastung kann der Pollenallergiker vorbeugende Maßnahmen einleiten und Medikamente einnehmen: bei Rückgang des Pollenfluges kann er die Medikamenteneinnahme vermindern bzw. ganz auf deren Einnahme verzichten. Arzneimittel werden dadurch nur gezielt eingesetzt und können insgesamt eingespart werden.
* Die Pollenflugvorhersage macht dem Pollenallergiker die Krankheit bewußter, er lernt sich besser auf seine Allergene einzustellen.
Die Pollenflugvorhersage wird über Fernsehen, Rundfunk, Zeitungen, Videotext, Bildschirmtext und verschiedene Telefonansagedienste regional bzw. überregional verbreitet.

Überregional und auch regional kann die Pollenflugvorhersage für alle Bundesländer telefonisch abgerufen werden.

Vorbeugende Maßnahmen

Die sicherste Methode bei der Bekämpfung des Heuschnupfens/Heuasthmas ist, das Allergen zu meiden (Allergenkarenz).

* Ein wichtiges Ziel und eine Hilfe für die Behandlung ist, die Ursache der Allergie herauszufinden. Dazu sollte der Betroffene ein genaues Tagebuch führen, in dem er Art und Heftigkeit seiner Beschwerden notiert, auch den jeweiligen Aufenthaltsort und die evtl. verwendeten Arzneimittel.

* Der Pollenallergiker sollte seine Urlaubsplanung so abstimmen, daß er in der Zeit, in der seine allergieauslösenden Pollen fliegen, in einer anderen Klimazone Urlaub macht. Pollenarme Luft findet der Betroffene auf Inseln, am Meer, in Hochgebirgslagen oder in waldigen Gegenden. Möglichst keinen Urlaub auf dem Bauernhof verbringen.

* In den frühen Morgenstunden ist der Pollenflug auf dem Lande am stärksten. In der Stadt erreicht er den höchsten Wert in den Vormittagsstunden, in Großstädten häufig erst abends. Während dieser Zeit sollten die Fenster in den Wohnräumen geschlossen bleiben.

* Bei starkem Pollenflug sollte der Aufenthalt im Freien, vor allem in offener Landschaft, vermieden werden. Spaziergänge im Laubwald sind empfehlenswert, da der Blütenstaub dort abgefiltert wird.

* Beim Autofahren Lüftung möglichst ausschalten und Fenster geschlossen halten.

* Häufiger staubsaugen, um Pollen auf Teppichen und Möbeln zu entfernen.

* Regelmäßig, möglichst täglich, abends die Haare waschen.

* Möglichst keine Sommersportarten im Freien ausüben.

* Nehmen Sie die vom Arzt verordneten Medikamente unbedingt ein.

Es kommt auch vor, daß ein Pollenallergiker gegen bestimmte Nahrungsmittel allergisch ist.

* Baumpollenallergiker sollten entsprechende Früchte, z.B. Apfel, Kirsche, Pfirsich, Birne, Johannis-, Stachelbeere, Trauben, Kiwi, Nüsse meiden.

* Bei Kräuterpollenallergikern ist Vorsicht beim Genuß von Gewürzen geboten.

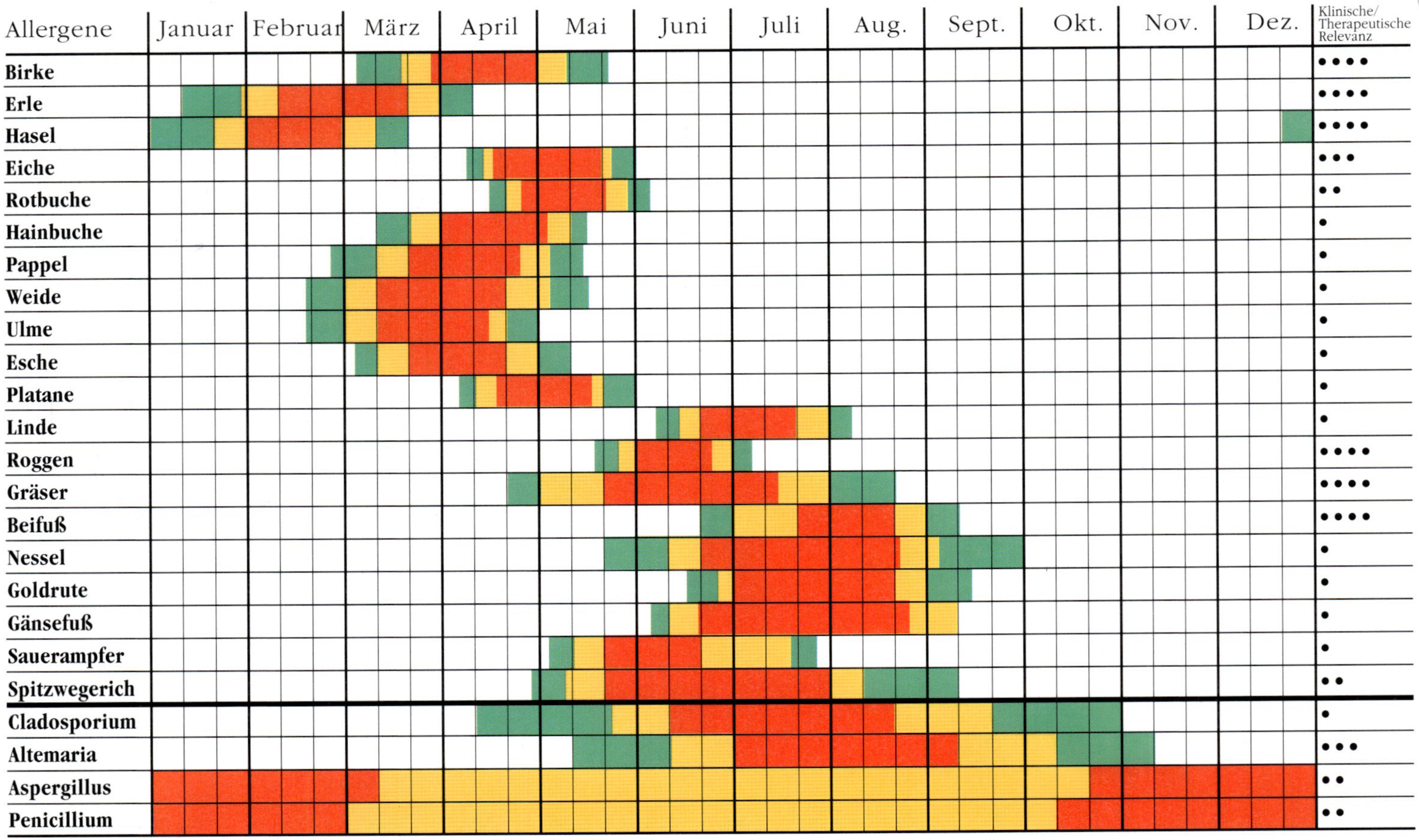

Allergene — Pollenflugkalender

Monate: Januar · Februar · März · April · Mai · Juni · Juli · Aug. · Sept. · Okt. · Nov. · Dez. · Klinische/Therapeutische Relevanz

Allergene (von oben nach unten):

- Birke
- Erle
- Hasel
- Eiche
- Rotbuche
- Hainbuche
- Pappel
- Weide
- Ulme
- Esche
- Platane
- Linde
- Roggen
- Gräser
- Beifuß
- Nessel
- Goldrute
- Gänsefuß
- Sauerampfer
- Spitzwegerich
- Cladosporium
- Altemaria
- Aspergillus
- Penicillium

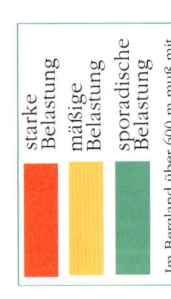

Legende:
- ▮ starke Belastung
- ▮ mäßige Belastung
- ▮ sporadische Belastung

Im Bergland über 600 m muß mit

Häufige pollenassoziierte Nahrungsmittelallergene

Birke, Hasel, Erle, • Kernobst (Apfel, Birne) • Steinobst (Pflaume, Pfirsich, Aprikose) • Haselnuß, Paranuß, Erdnuß, Mandel • Kiwi • Curry • Anis • viele Gewürze

Beifuß • Sellerie • Curry • Kamille • Anis • Mohrrübe • Paprika • Knoblauch • Muskat • Pfeffer • Ingwer • Zimt • sehr viele Gewürze

LITERATURVERZEICHNIS

BAUMANN, H.: Griechische Pflanzenwelt, Hirmer, München 1982

BRENDAN, L.: Macht und Geheimnis der Pflanzen, Krüger Verlag, Frankfurt 1978

EHRENDORFER, F.: Liste der Gefäßpflanzen Mitteleuropas, 2. Aufl. Stuttgart 1973

FROHNE, D., PFÄNDER, H.: Giftpflanzen, 2. Aufl. Stuttgart 1983

FUCHS, L.: New Kreüterbuch, Basel 1543, Reprint, Battenberg, München 1983

GEßNER, O., Orzechowski, G.: Gift- und Arzneipflanzen von Mitteleuropa, 3. Aufl. Heidelberg 1974

HEGI, G.: Illustrierte Flora von Mitteleuropa, Bd. I – VI, München, 1. Aufl. 1906 ff., 2. Aufl. 1966 ff.

JOHNSON, H.: Das große Buch der Bäume, Hallwag Verlag, Bern 1974

KRIEWKE, E.G., v. MÜHLENDAHL, K. E. und OBERDISSE, U.: Vergiftungen im Kindesalter, Enke Verlag, Stuttgart 1986

LEWIN, L.: Gifte und Vergiftungen, 5. Aufl. Haug-Verlag, Ulm

LEWIN, L.: Die Gifte in der Weltgeschichte, Nachdruck der Ausgabe v. 1920, Springer, Berlin

MARZELL, H.: Teufelsbrot und Himmelsleiter

MARZELL, H.: Heimische Pflanzenwelt im Volksbrauch und Volksaberglauben, Verlag Quelle, Meyer, Leipzig 1929

MOESCHLIN, S.: Klinik und Therapie der Vergiftungen, 7. Aufl. Thieme Verlag, Stuttgart 1986

ROTH, L., DAUNDERER, M., KORMANN, K.: Giftpflanzen – Pflanzengifte, Ecomed, München 1984

SCHMEIL-FITSCHEN: Flora von Deutschland und seinen angrenzenden Gebieten, Quelle, Meyer, Heidelberg 88. Aufl. 1988.

VERZEICHNIS DER WISSENSCHAFTLICHEN PFLANZENNAMEN

VERZEICHNIS DER DEUTSCHEN PFLANZENNAMEN